くもんの小学ドリル
がんばり1年生 学しゅうきろくひょう

名まえ

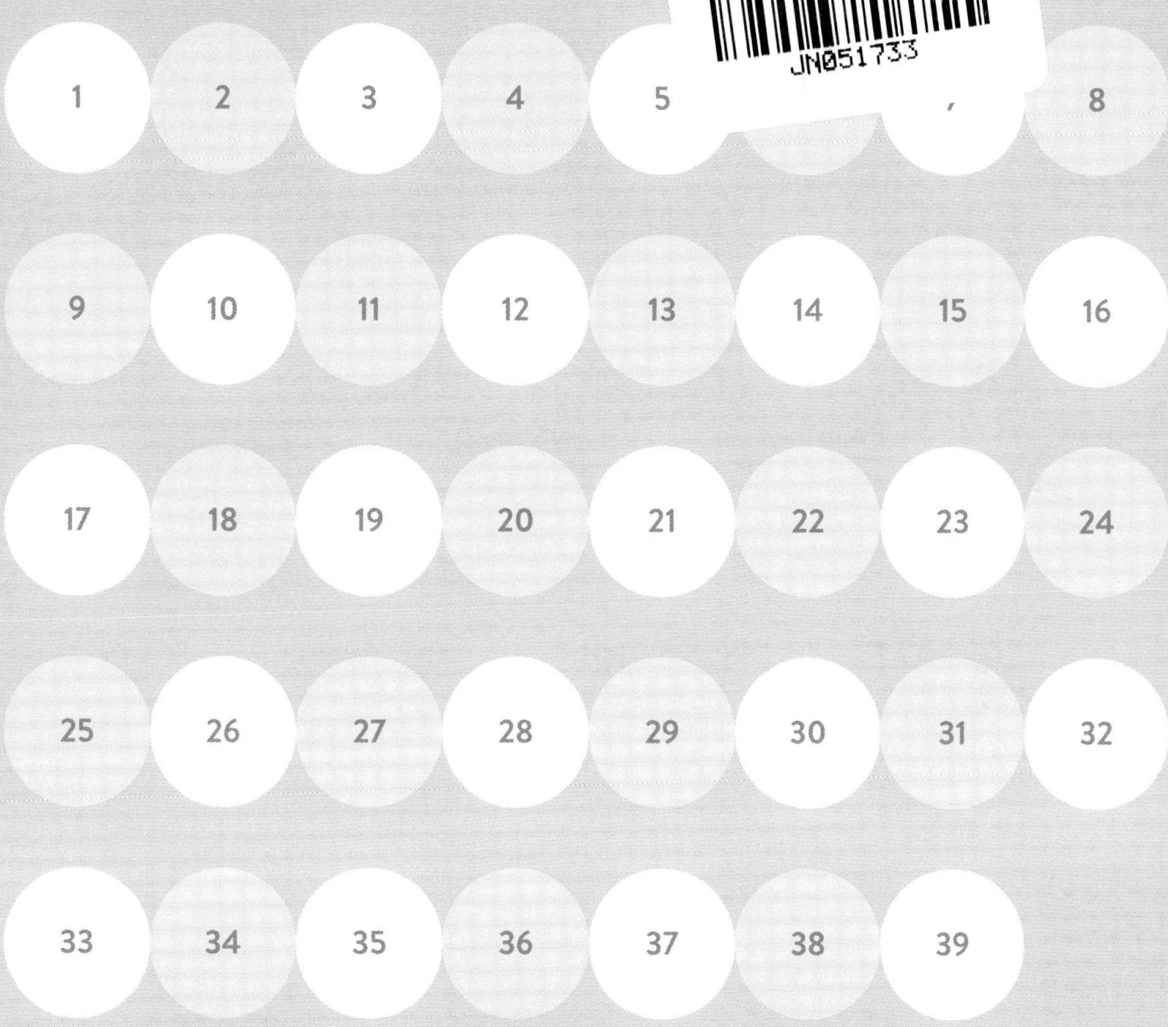

あなたは
「くもんの小学ドリル　こくご　1年生ひらがな」を、
さいごまで　やりとげました。
すばらしいです！
これからも　がんばってください。

1さつ　ぜんぶ　おわったら、
ここに　大きな　シールを
はりましょう。

1 ひらがなを よもう ❶

1　えの　ことばを　よんで、◯の　ひらがなを　◯で　かこみましょう。（◯ひとつ　4てん）

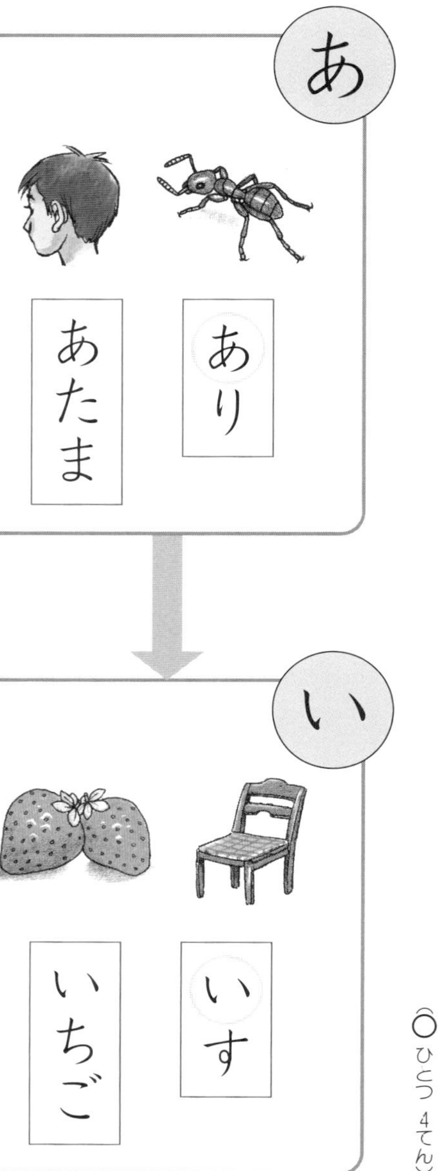

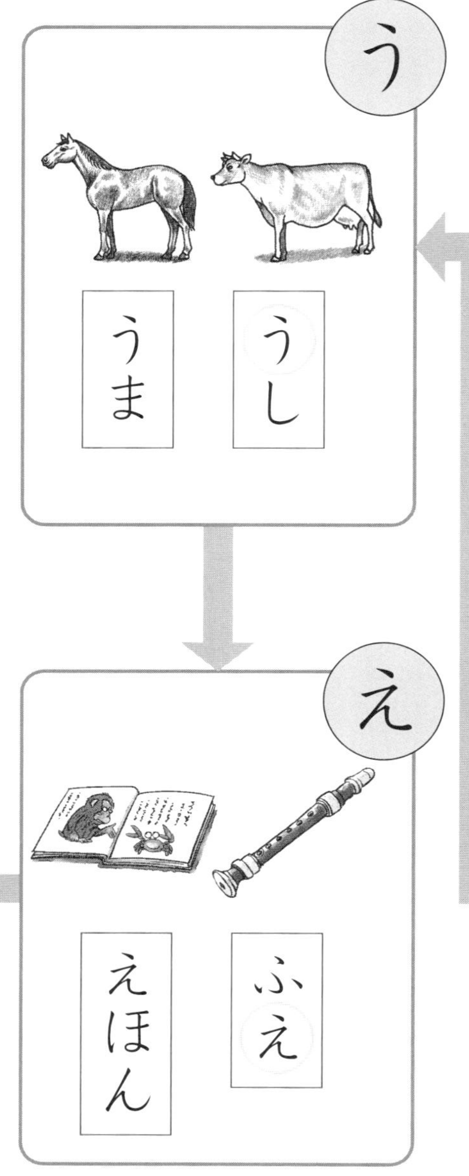

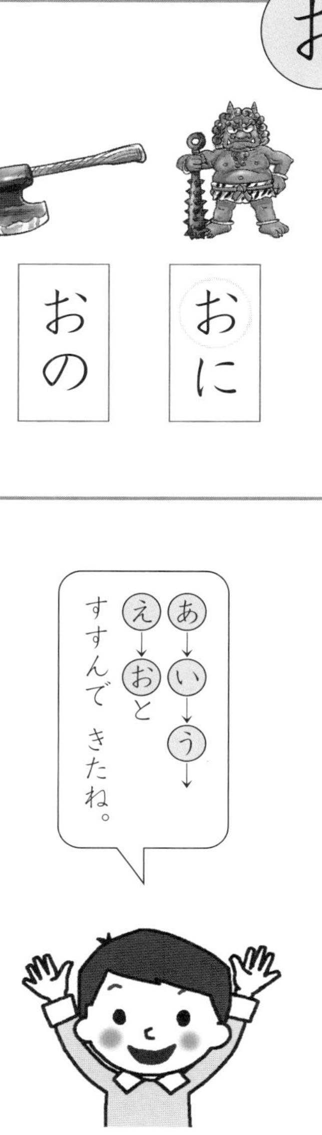

2 えの ことばを よんで、●の ひらがなを ○で かこみましょう。
（○ひとつ 3てん）

か
かさ
かお

き
かき
きりん

く
くつ
くるま

け
たけ
けむし

こ
こま
ねっこ

か→き→く→け→こ と すすむよ！

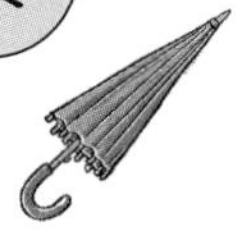

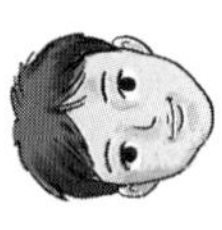

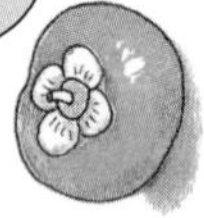

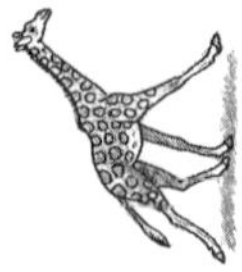

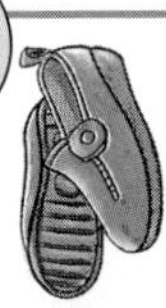

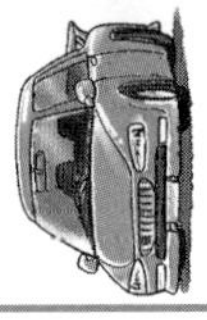

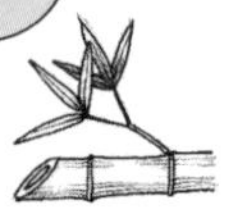

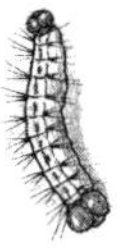

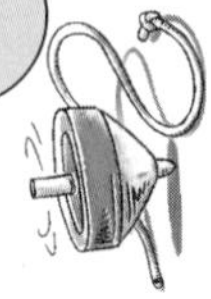

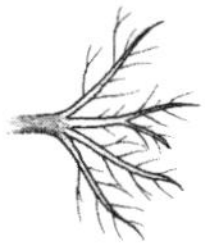

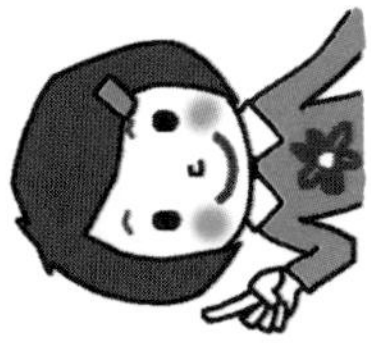

さ
さる
さくら

し
しか
あし

す
すし
すいか

せ
せみ
せなか

そ
そり
そば

さしすせそが ある ことばだよ。

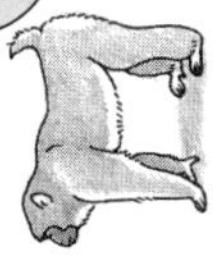

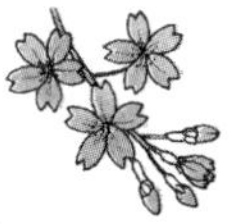

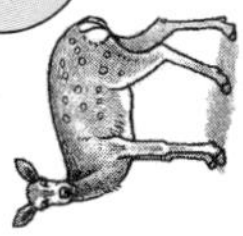

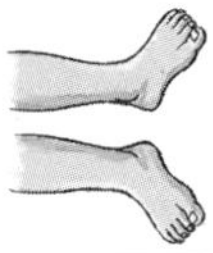

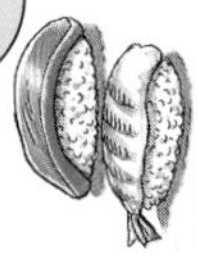

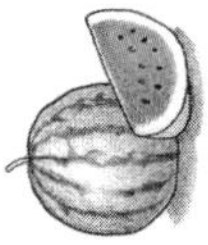

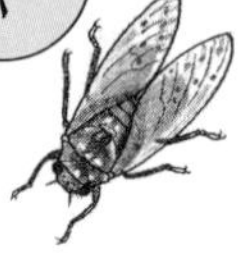

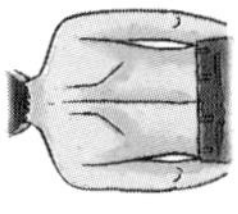

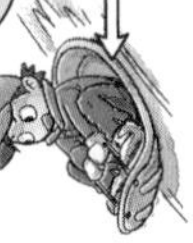

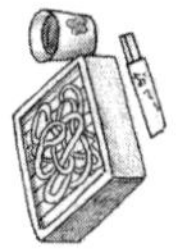

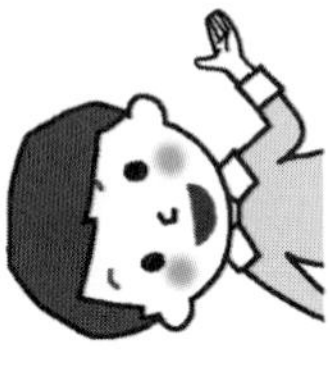

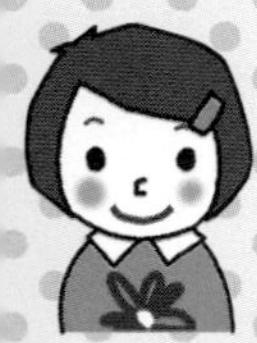

こえに だして えの ことばを よんで みよう。

② ひらがなを よもう❷

がつ　にち　なまえ

はじめ　じ　ふん　おわり　じ　ふん　かかった じかん　ふん

とくてん　てん

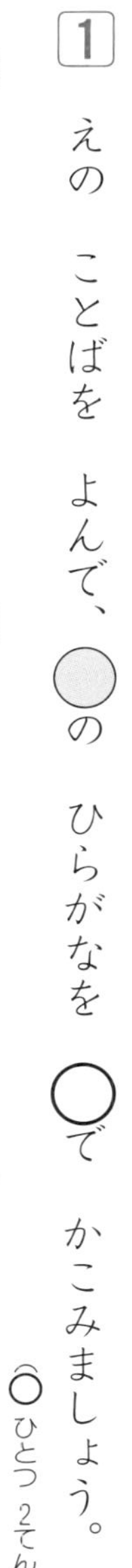

1 えの ことばを よんで、◯の ひらがなを ◯で かこみましょう。
（◯ひとつ 2てん）

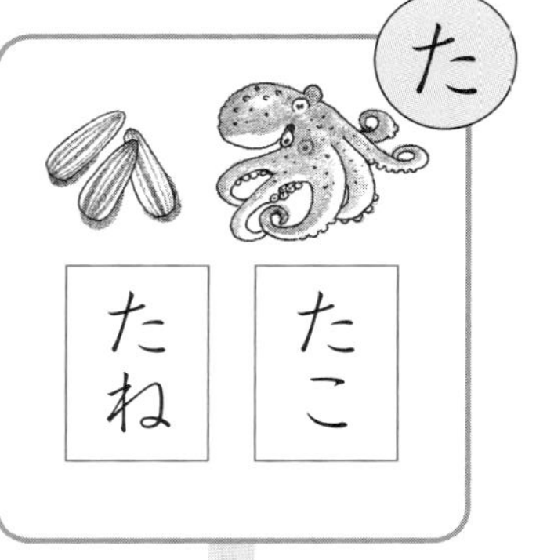

た　たこ　たね

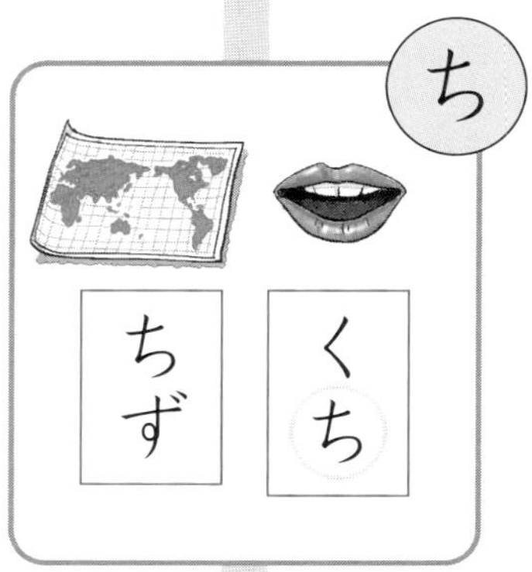

ち　くち　ちず

つ　つき　つめ

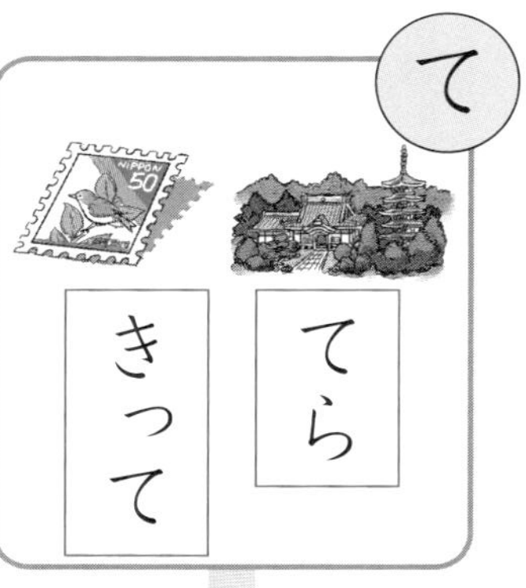

て　てら　きって

と　とら　とうふ

な　なす　なべ

に　にじ　かに

ぬ　いぬ　ぬりえ

ね　ねこ　ねぎ

の　のり　きもの

2 えの ことばを よんで、●の ひらがなを ○で かこみましょう。

（○ひとつ 3てん）

は 
はと
はなび

ひ 
ひも
ひじ

ふ 
ふね
ふとん

へ 
へそ
へび

ほ 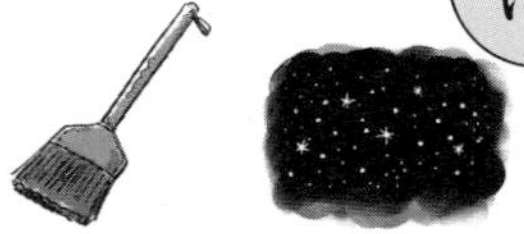
ほし
ほうき

はひふへほが ある ことばだよ。

ま 
くま
まど

み 
みみ
みかん

（「み」は、○ひとつ 2てん）

む 
むね
おうむ

め 
かめ
めだか

も 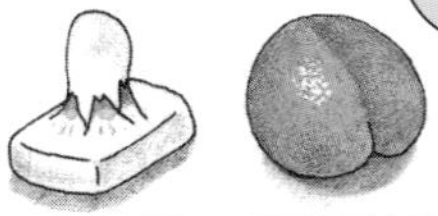
もも
もち

（「も」は、○ひとつ 2てん）

まみむめもまで きたね。

ていねいに よんで みよう。
いちじずつ、しっかりと よめたかな？

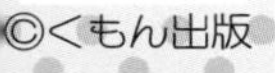

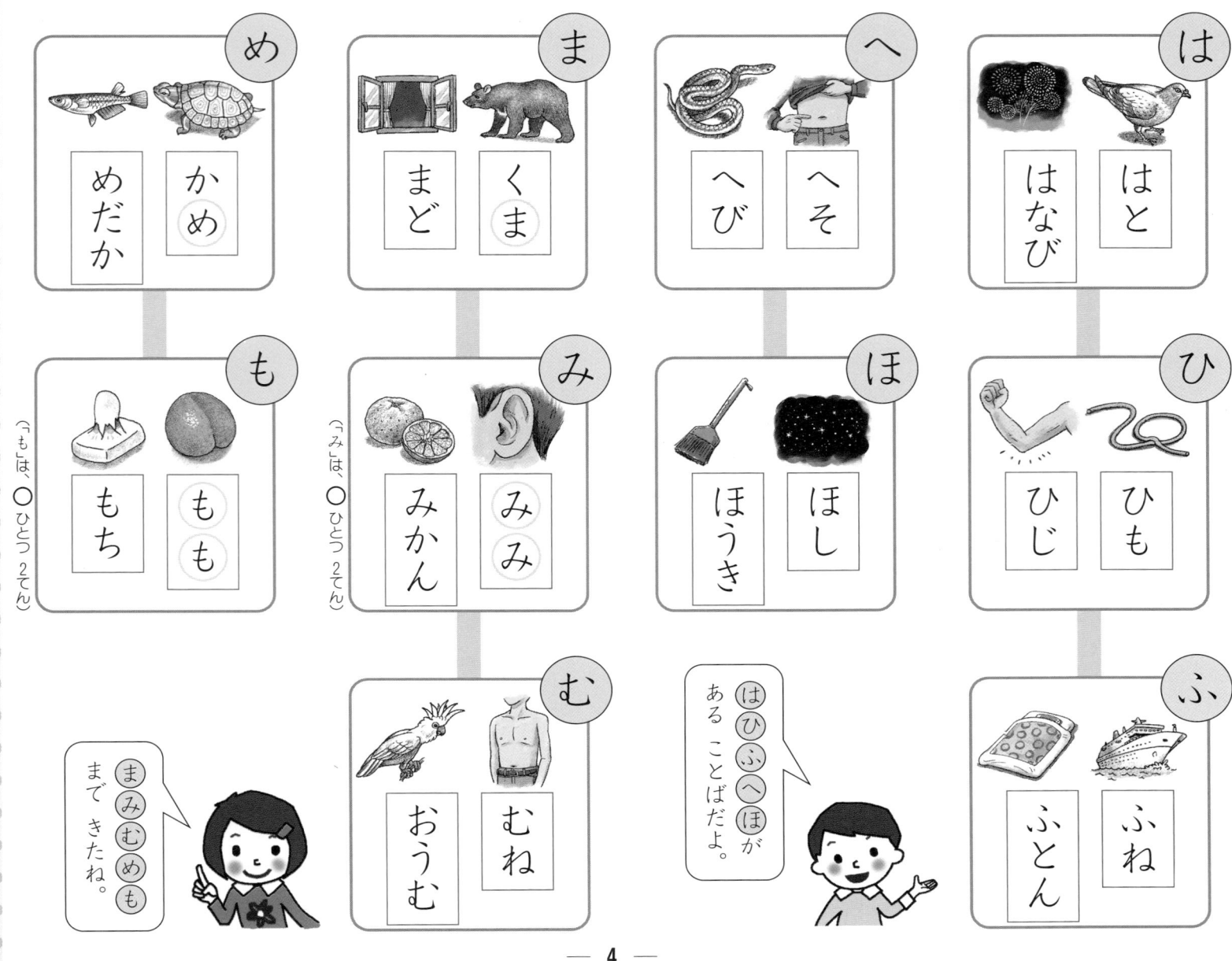

3
ひらがなを よもう3
がつ にち
なまえ
はじめ じ ふん
おわり じ ふん
かかった じかん ふん
とくてん てん
©くもん出版

3 ひらがなを よもう❸

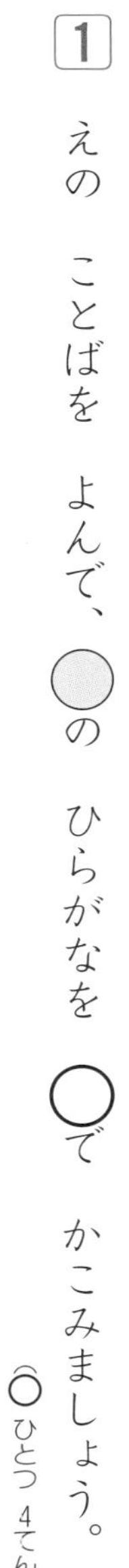

1 えの ことばを よんで、◯の ひらがなを ◯で かこみましょう。

（◯ ひとつ 4てん）

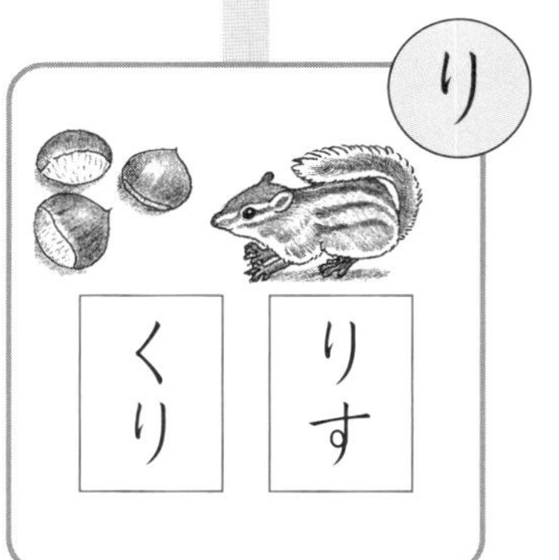

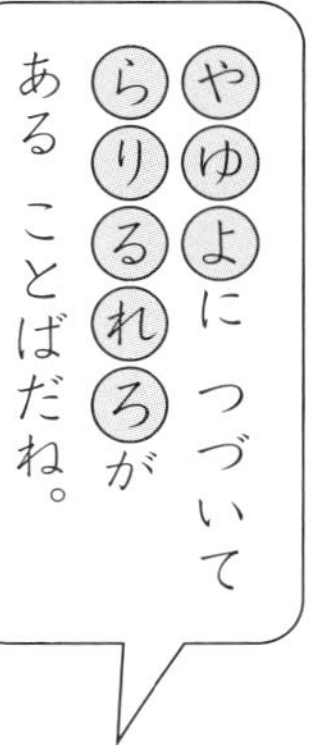

やゆよに つづいて
らりるれろが
ある ことばだね。

2 えの　ことばを　よんで、◯の　ひらがなを　◯で　かこみましょう。（◯ひとつ　6てん）

わ

わに　いわ

を

えをかく。　きを　きる。

ん

ほん　かん

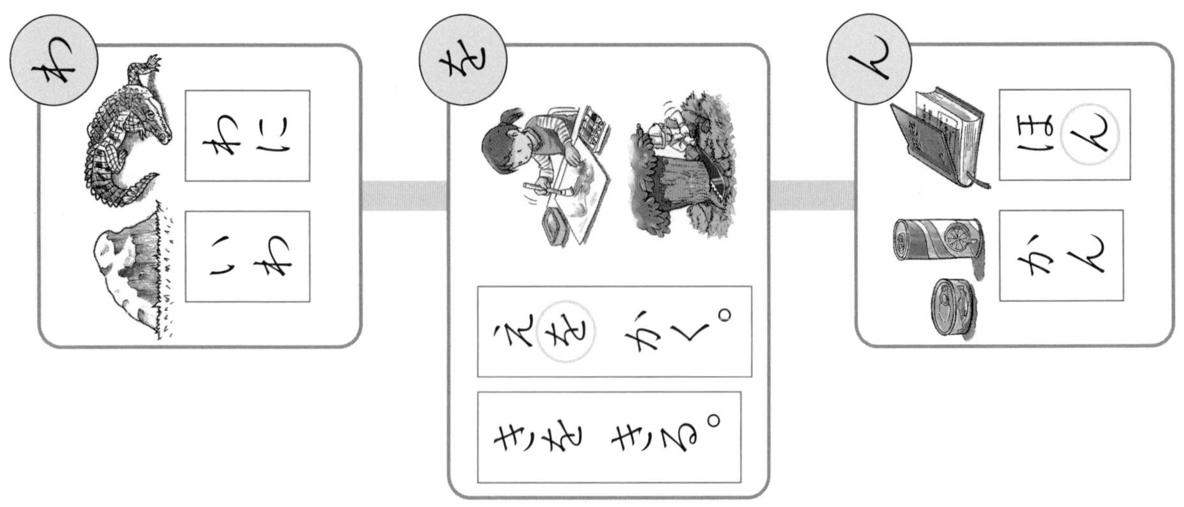

◇ えに　あう　ことばを　―（せん）で　むすびましょう。

① あり

② ねこ

③ さる

④ くま

ねこ	あり	くま	さる

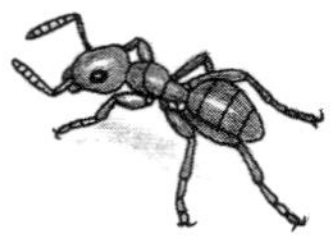

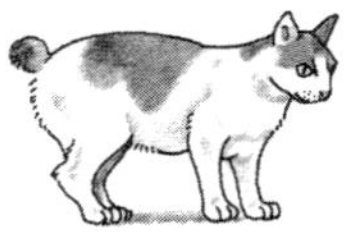

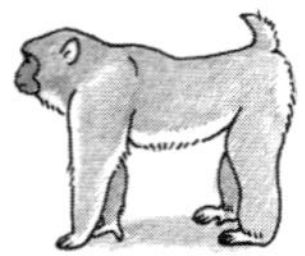

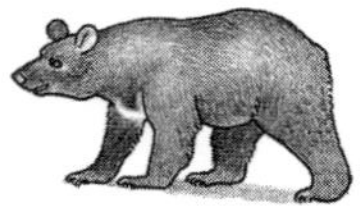

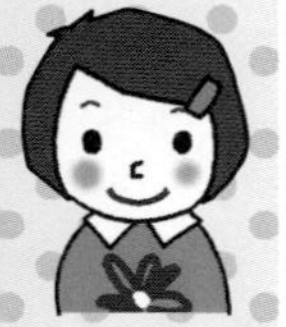

「を」は、ぶんの　なかで　つかうよ。
「ん」は、ことばの　はじめには　つかないよ。

4 ひらがなの れんしゅう ❶

がつ　にち

なまえ

はじめ　じ　ふん

おわり　じ　ふん

かかった じかん　ふん

とくてん　てん

（1～4は いちもん 7てん）

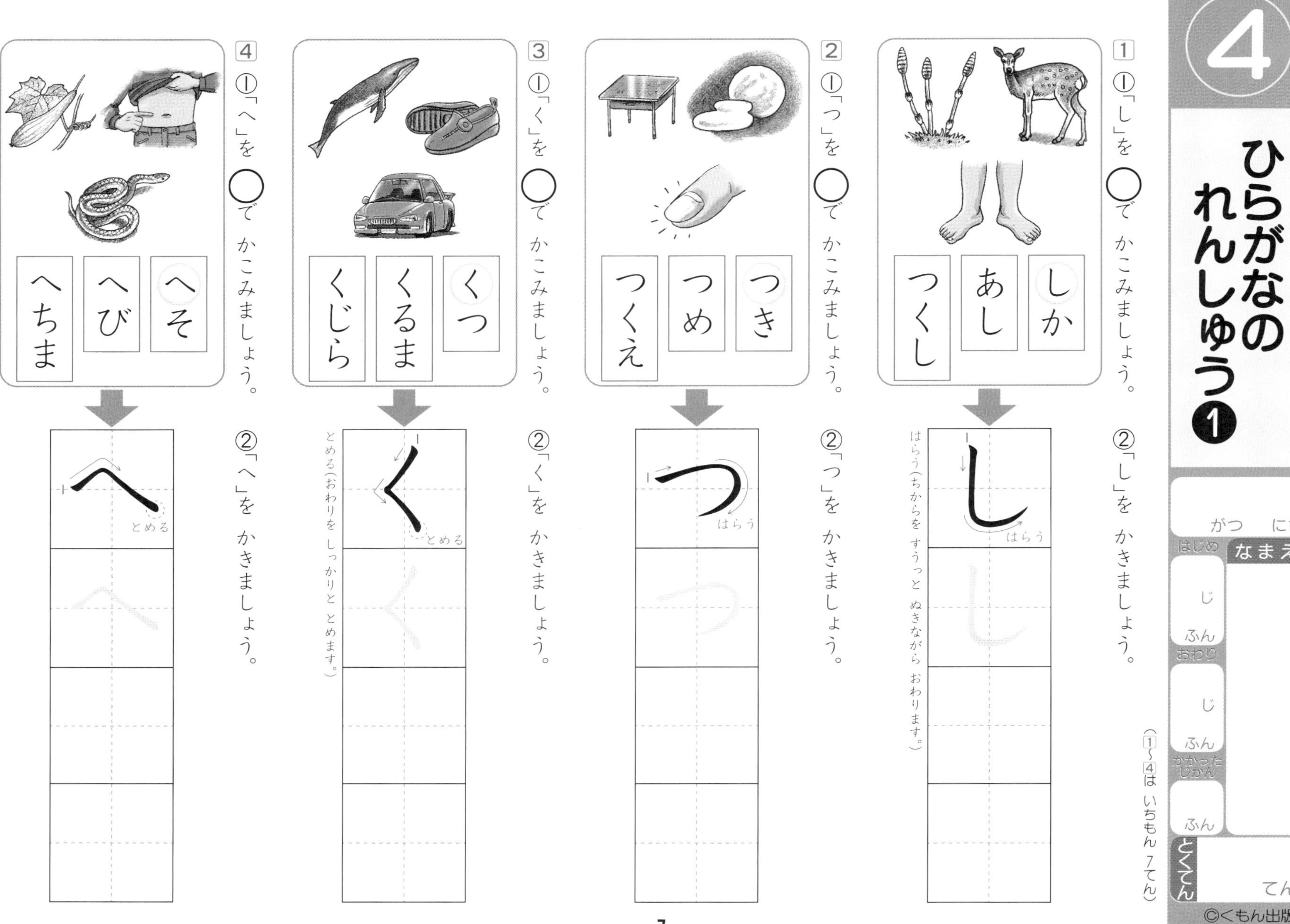

1 ①「し」を ◯で かこみましょう。

しか　あし　つくし

②「し」を かきましょう。

はらう

はらう（ちからを すうっと ぬきながら おわります。）

2 ①「つ」を ◯で かこみましょう。

つき　つめ　つくえ

②「つ」を かきましょう。

はらう

3 ①「く」を ◯で かこみましょう。

くつ　くるま　くじら

②「く」を かきましょう。

とめる

とめる（おわりを しっかりと とめます。）

4 ①「へ」を ◯で かこみましょう。

へそ　へび　へちま

②「へ」を かきましょう。

とめる

5 □に「し」を かいて、えに あう ことばを つくりましょう。（ひとつ 6てん）

6 □に「つ」を かいて、えに あう ことばを つくりましょう。（ひとつ 6てん）

7 □に「く」を かいて、えに あう ことばを つくりましょう。（ひとつ 6てん）

8 □に「へ」を かいて、えに あう ことばを つくりましょう。（ひとつ 6てん）

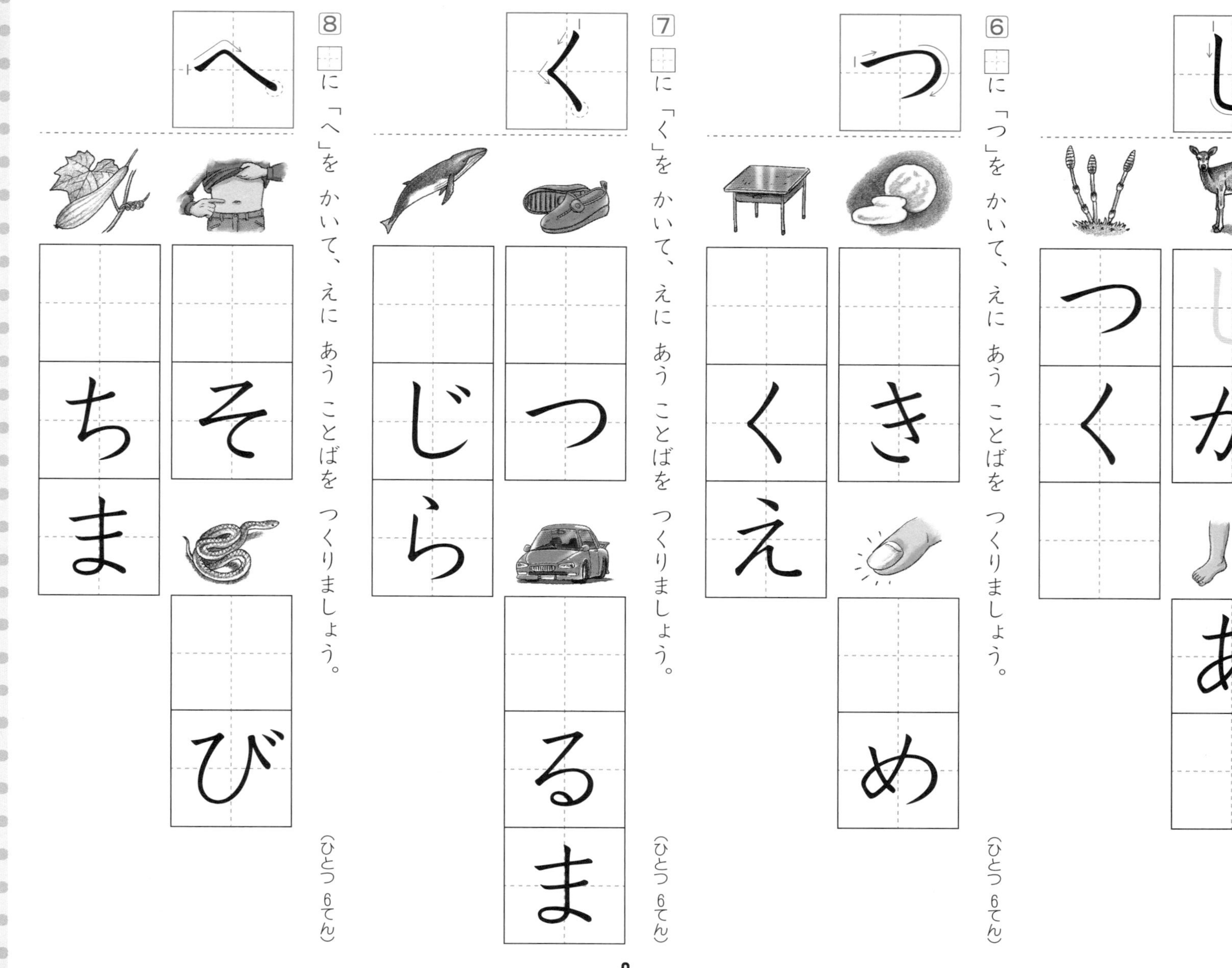

ひとふでで　かける　ひらがなの　れんしゅうだよ。
ひとふでで　かく　せんを　「かく」と　いうよ。

5 ひらがなの れんしゅう❷

がつ　にち
なまえ
はじめ　じ　ふん
おわり　じ　ふん
かかった じかん　ふん
とくてん　てん

（1～4は いちもん 7てん）

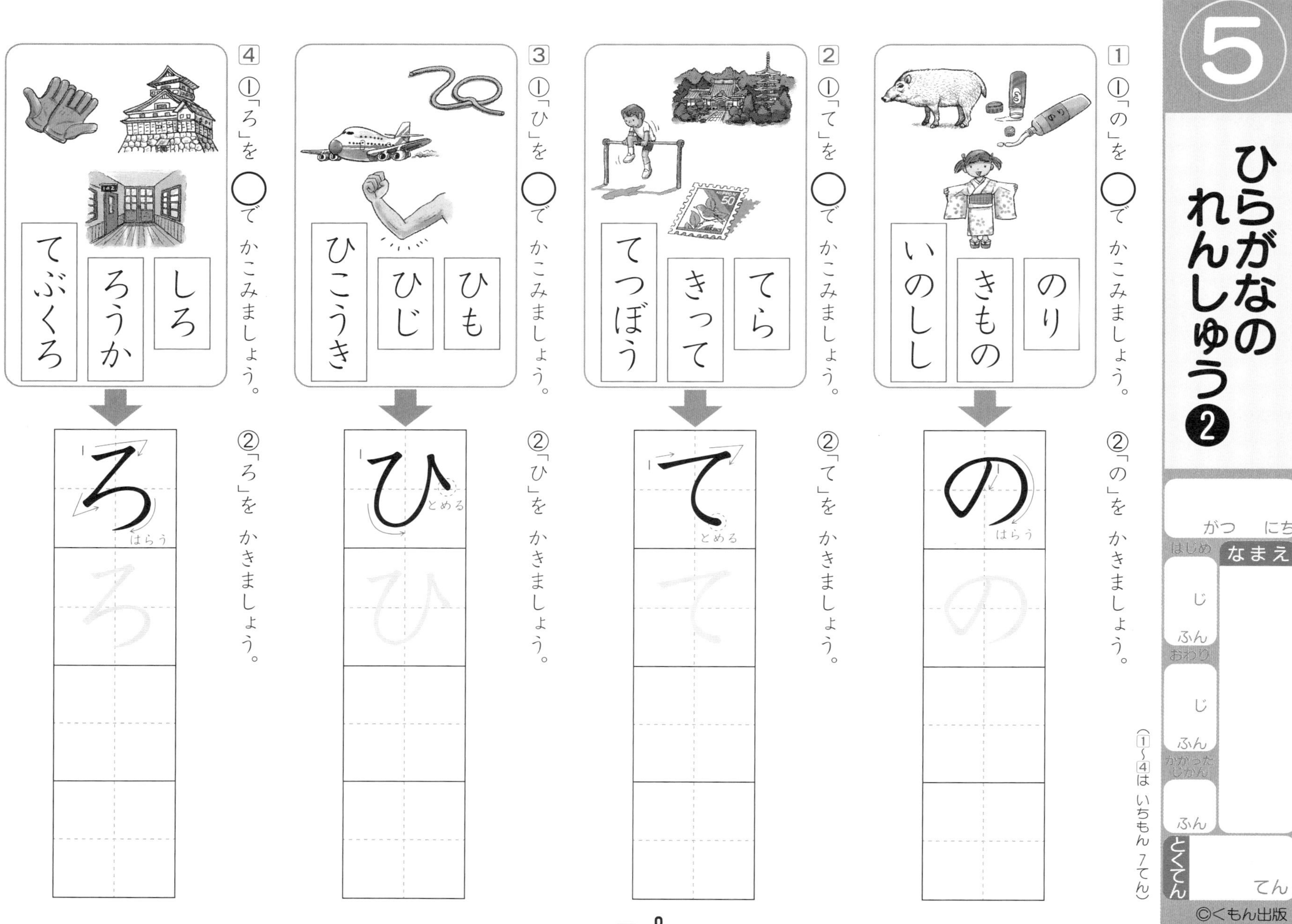

1 ①「の」を ◯で かこみましょう。

のり　きもの　いのしし

②「の」を かきましょう。

2 ①「て」を ◯で かこみましょう。

てら　きって　てつぼう

②「て」を かきましょう。

3 ①「ひ」を ◯で かこみましょう。

ひも　ひじ　ひこうき

②「ひ」を かきましょう。

4 ①「ろ」を ◯で かこみましょう。

しろ　ろうか　てぶくろ

②「ろ」を かきましょう。

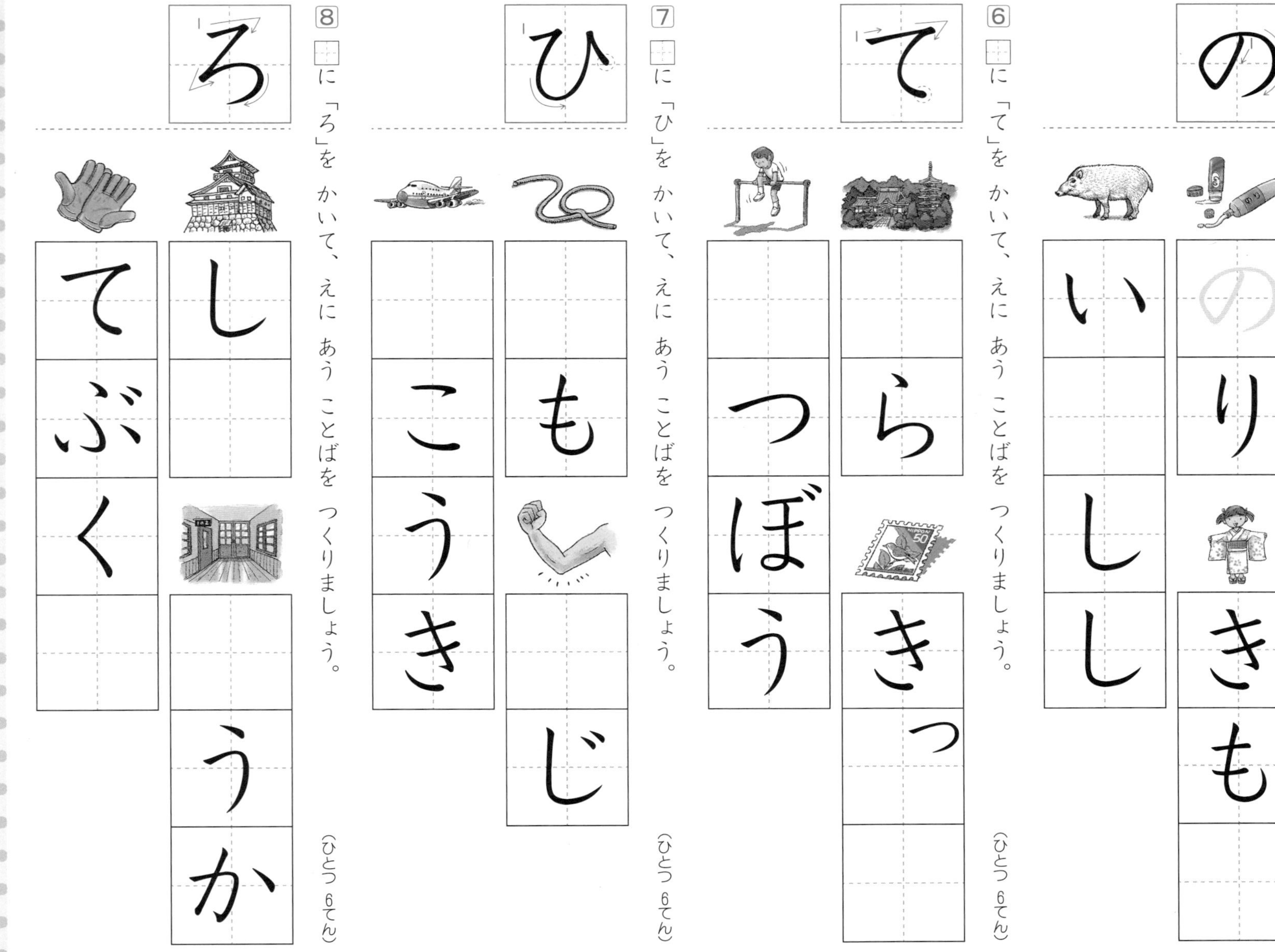

5 □に「の」を かいて、えに あう ことばを つくりましょう。（ひとつ 6てん）

の

□り　きも□　い□しし

6 □に「て」を かいて、えに あう ことばを つくりましょう。（ひとつ 6てん）

て

□ら　きっ□□　□つぼう

7 □に「ひ」を かいて、えに あう ことばを つくりましょう。（ひとつ 6てん）

ひ

□も　□じ　□こうき

8 □に「ろ」を かいて、えに あう ことばを つくりましょう。（ひとつ 6てん）

ろ

し□　□うか　てぶく□

「の」は まるく なるように、
「ひ」は たてながに なるように かこう！

6 ひらがなの れんしゅう ❸

がつ　にち　なまえ

はじめ　じ　ふん　おわり　じ　ふん　かかった じかん　ふん　とくてん　てん

（1〜4は いちもん 7てん）

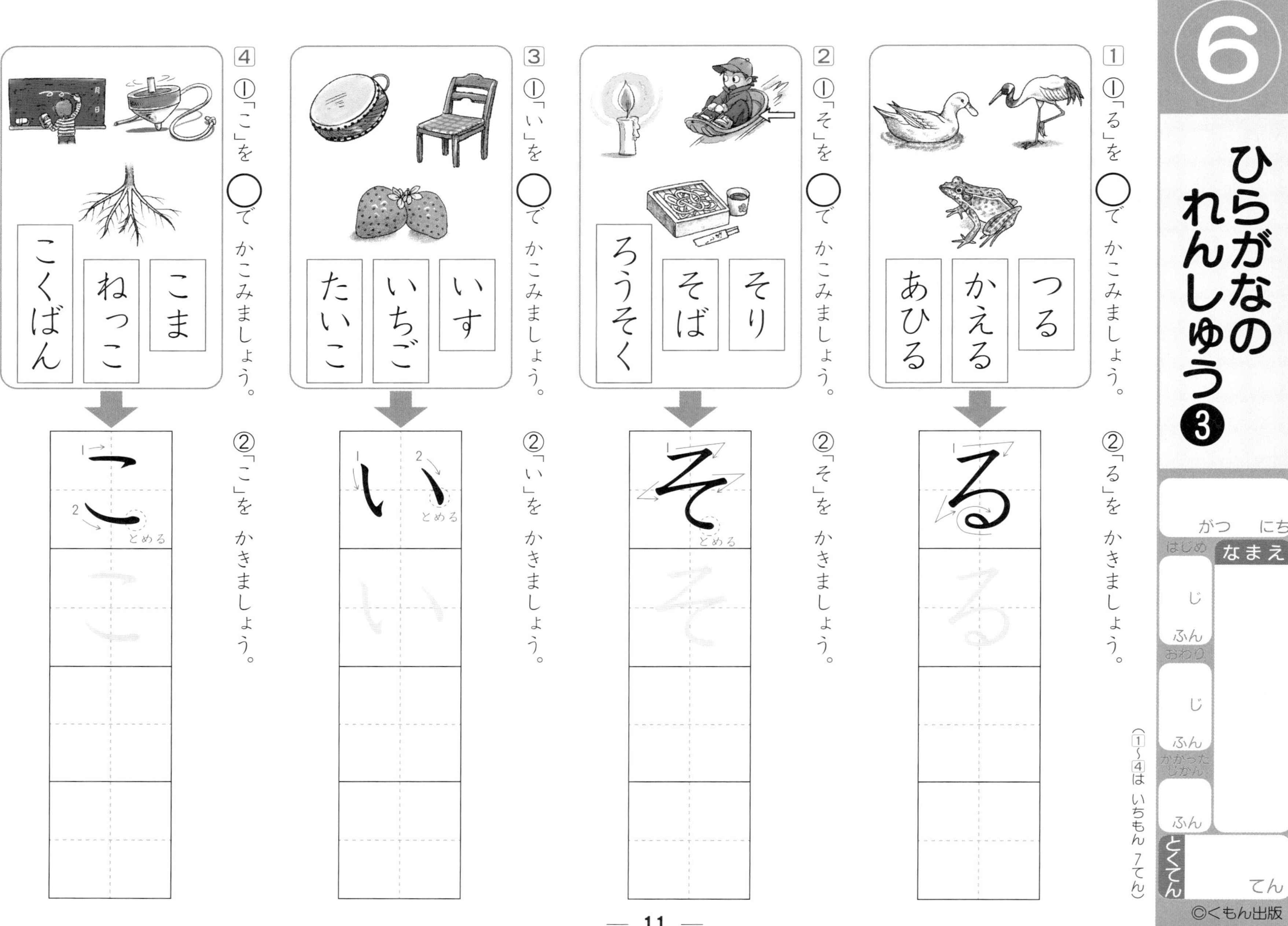

1 ①「る」を ◯で かこみましょう。

つる　かえる　あひる

②「る」を かきましょう。

2 ①「そ」を ◯で かこみましょう。

そり　そば　ろうそく

②「そ」を かきましょう。

とめる

3 ①「い」を ◯で かこみましょう。

いす　いちご　たいこ

②「い」を かきましょう。

とめる

4 ①「こ」を ◯で かこみましょう。

こま　ねっこ　こくばん

②「こ」を かきましょう。

とめる

5 □に「る」を かいて、えに あう ことばを つくりましょう。（ひとつ 6てん）

る

つ□ / か□え□  / あひ□

6 □に「そ」を かいて、えに あう ことばを つくりましょう。（ひとつ 6てん）

そ

□り  / □ば  / ろう□く

7 □に「い」を かいて、えに あう ことばを つくりましょう。（ひとつ 6てん）

い

□す  / □ちご  / た□こ

8 □に「こ」を かいて、えに あう ことばを つくりましょう。（ひとつ 6てん）

こ

□ま  / ねっ□□  / □くばん

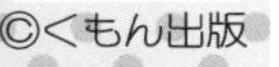

「る」の おわりの、むすぶ かきかたを おぼえよう！
「い」と 「こ」は、2かくで かくよ。

7 ひらがなの れんしゅう❹

がつ　にち　なまえ

はじめ　じ　ふん　おわり　じ　ふん　かかった じかん　ふん　とくてん　てん

（1～4は いちもん 7てん）

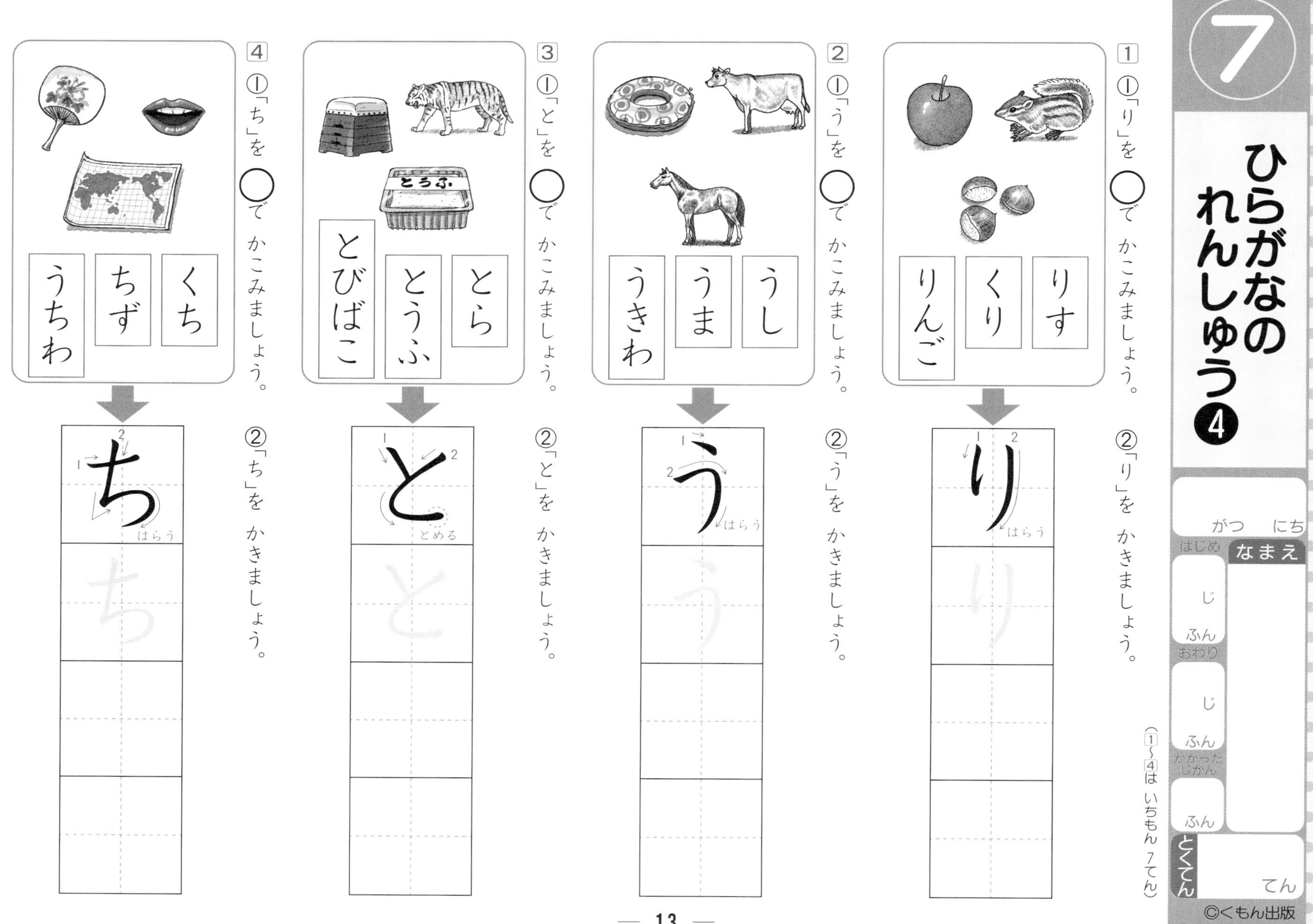

5 □に「り」を かいて、えに あう ことばを つくりましょう。（ひとつ 6てん）

り

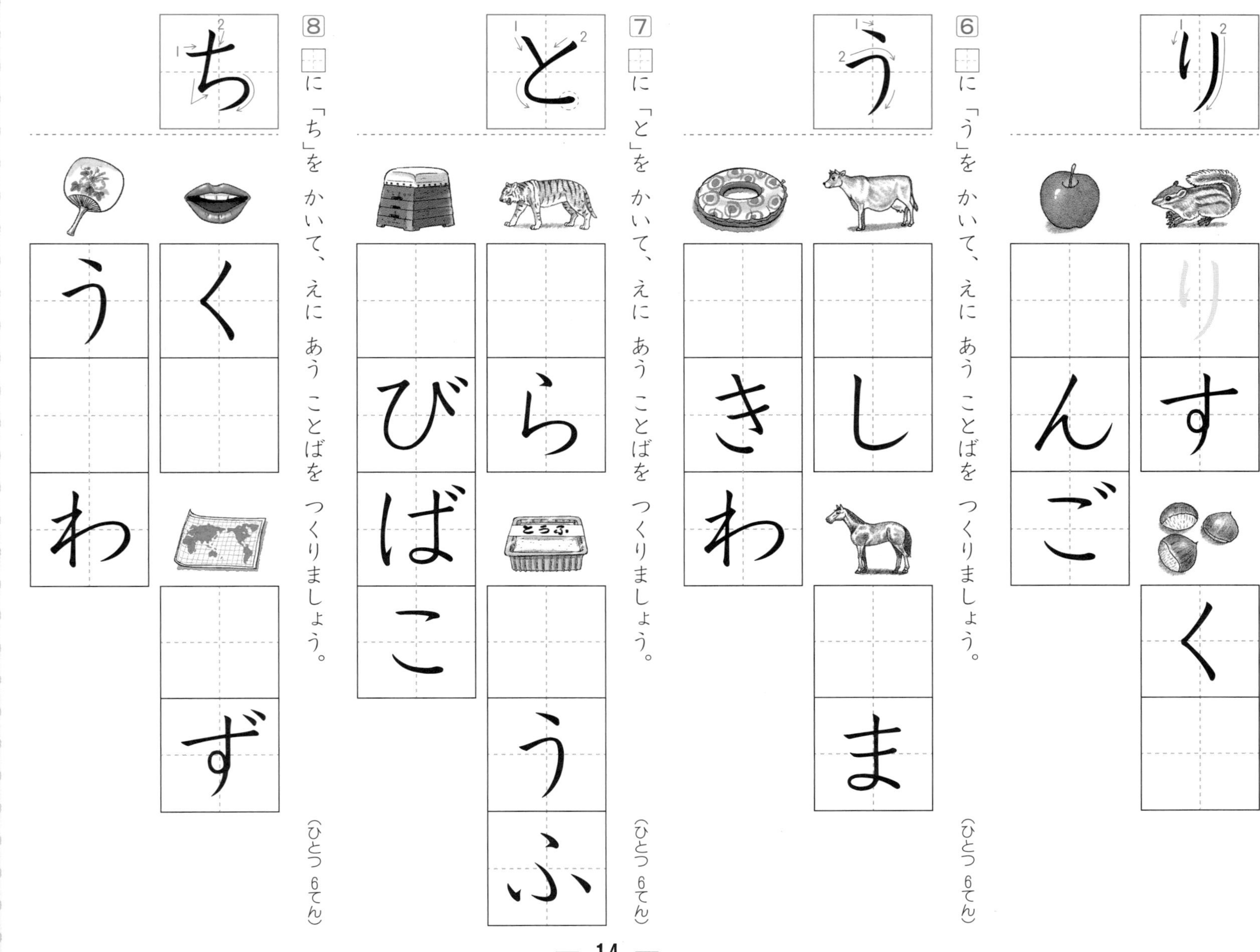

6 □に「う」を かいて、えに あう ことばを つくりましょう。（ひとつ 6てん）

う

□し□ま
□きわ

7 □に「と」を かいて、えに あう ことばを つくりましょう。（ひとつ 6てん）

と

□ら□うふ
□びばこ

8 □に「ち」を かいて、えに あう ことばを つくりましょう。（ひとつ 6てん）

ち

く□□ず
う□わ

「い」と「り」では、2かくめの せんの ながさが ちがうよ。
「り」は ながく かこう！

8 ひらがなの れんしゅう⑤

がつ にち

なまえ

はじめ じ ふん

おわり じ ふん

かかった じかん ふん

とくてん てん

（1～4は いちもん 7てん）

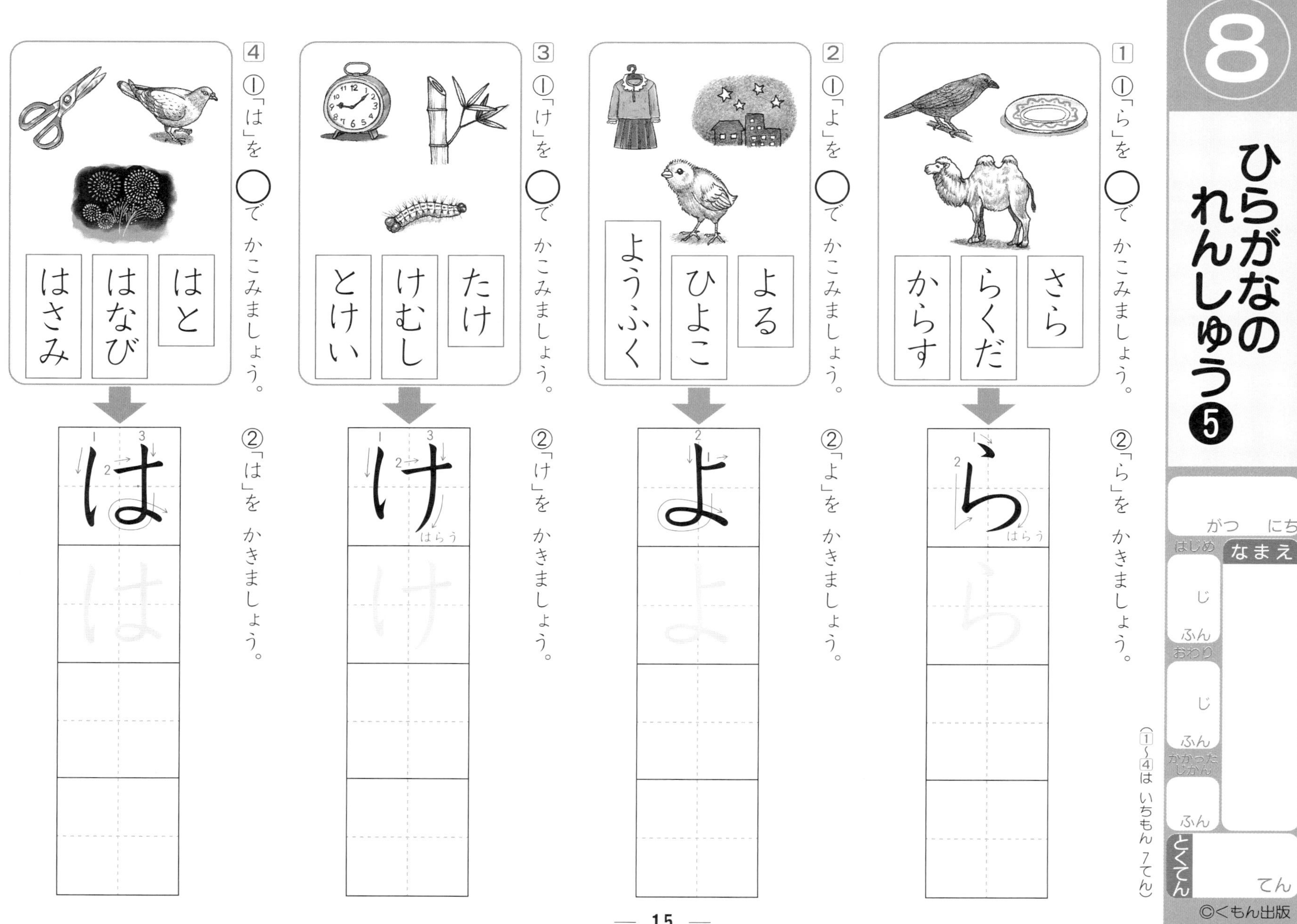

1 ①「ら」を ◯で かこみましょう。

さら　らくだ　からす

②「ら」を かきましょう。

2 ①「よ」を ◯で かこみましょう。

よる　ひよこ　ようふく

②「よ」を かきましょう。

3 ①「け」を ◯で かこみましょう。

たけ　けむし　とけい

②「け」を かきましょう。

4 ①「は」を ◯で かこみましょう。

はと　はなび　はさみ

②「は」を かきましょう。

5 □に「ら」を かいて、えに あう ことばを つくりましょう。（ひとつ 6てん）

ら

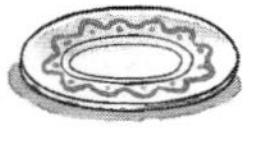

さ ら

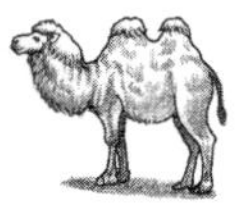

□ く だ

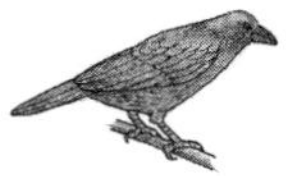

か □ す

6 □に「よ」を かいて、えに あう ことばを つくりましょう。（ひとつ 6てん）

よ

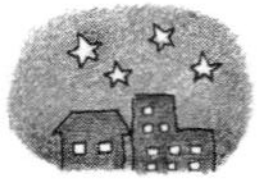

□ る

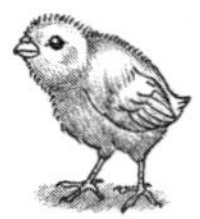

ひ □ こ

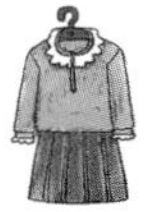

□ う ふ く

7 □に「け」を かいて、えに あう ことばを つくりましょう。（ひとつ 6てん）

け

た □

□ む し

と □ い

8 □に「は」を かいて、えに あう ことばを つくりましょう。（ひとつ 6てん）

は

□ と

□ な び

□ さ み

「よ」と、「は」の 「ま」では、よこの せんに ちがいが あるよ。
「よ」は、よこの せんを ひだりに ださないよ。

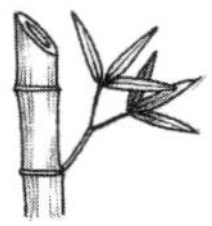

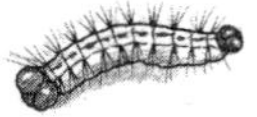

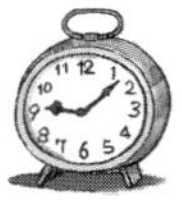

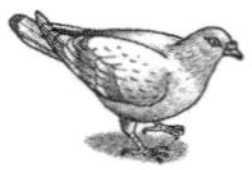

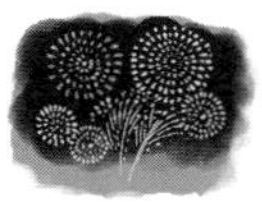

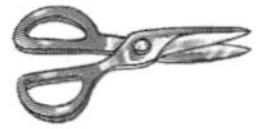

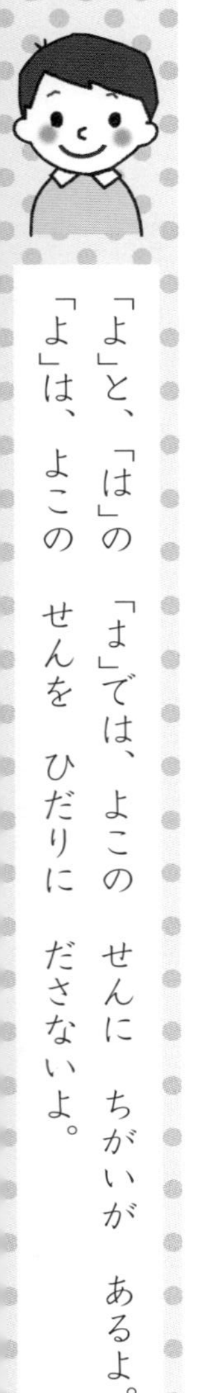

9 ひらがなの れんしゅう ❻

がつ　にち　なまえ
はじめ　じ　ふん
おわり　じ　ふん
かかった じかん　ふん
とくてん　てん

（1～4は いちもん 7てん）

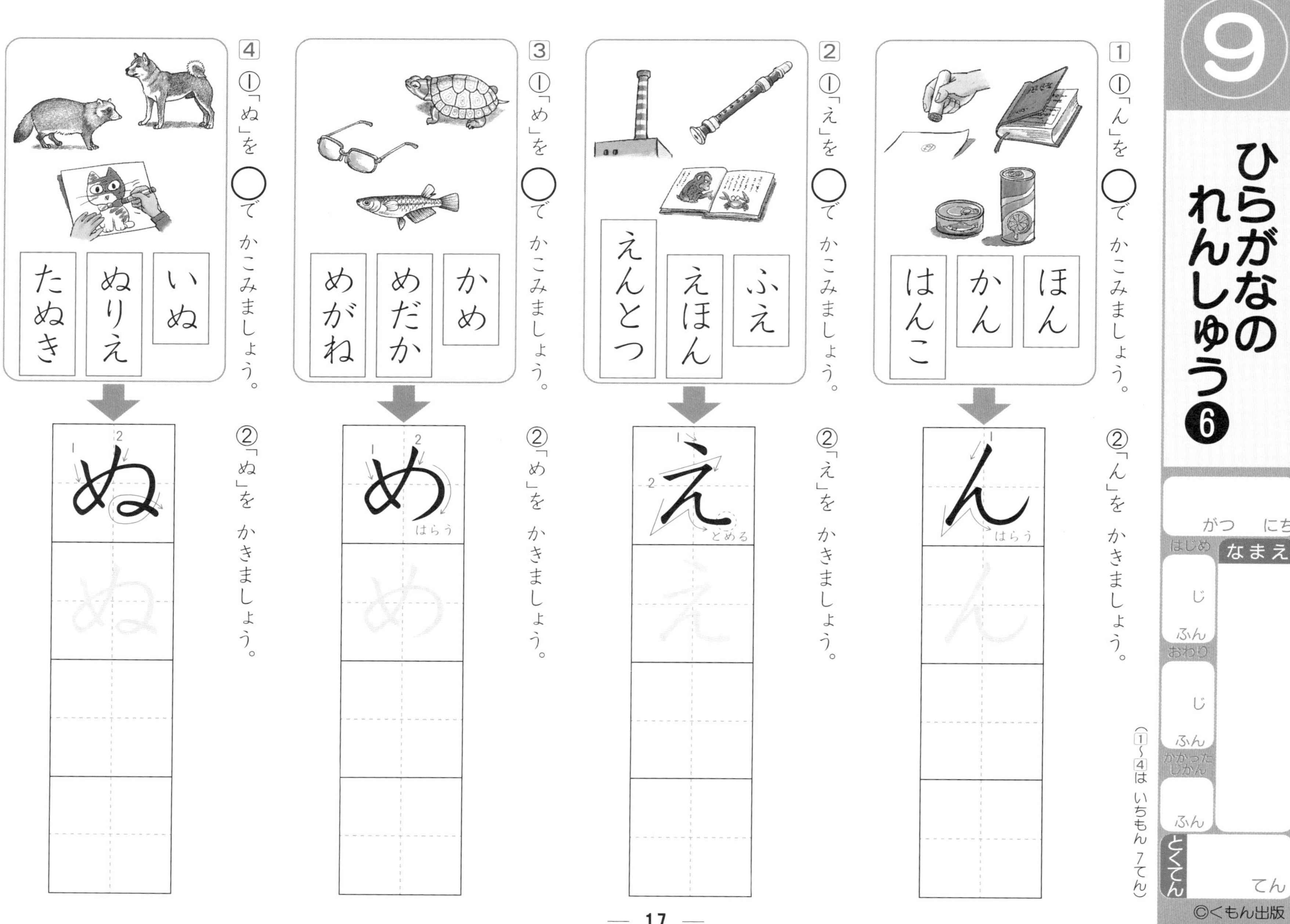

1 ①「ん」を ◯で かこみましょう。

ほん　かん　はんこ

②「ん」を かきましょう。

ん（はらう）

2 ①「え」を ◯で かこみましょう。

ふえ　えほん　えんとつ

②「え」を かきましょう。

え（とめる）

3 ①「め」を ◯で かこみましょう。

かめ　めだか　めがね

②「め」を かきましょう。

め（はらう）

4 ①「ぬ」を ◯で かこみましょう。

いぬ　ぬりえ　たぬき

②「ぬ」を かきましょう。

ぬ

5 □に「ん」を かいて、えに あう ことばを つくりましょう。（ひとつ 6てん）

ん

ほ□ん
は□こ 
か□ 

6 □に「え」を かいて、えに あう ことばを つくりましょう。（ひとつ 6てん）

え

ふ□
□んとつ 
□ほん 

7 □に「め」を かいて、えに あう ことばを つくりましょう。（ひとつ 6てん）

め

か□
□がね 
□だか 

8 □に「ぬ」を かいて、えに あう ことばを つくりましょう。（ひとつ 6てん）

ぬ

い□
た□き 
□りえ 

「め」と「ぬ」は、かたちが にて いるよ。むすびの かたちが あるか ないかで ちがう ひらがなに なるから、きを つけて かこう！

10 ひらがなの れんしゅう 7

がつ　にち
なまえ
はじめ　じ　ふん
おわり　じ　ふん
かかった じかん　ふん
とくてん　てん

（1～4は いちもん 7てん）

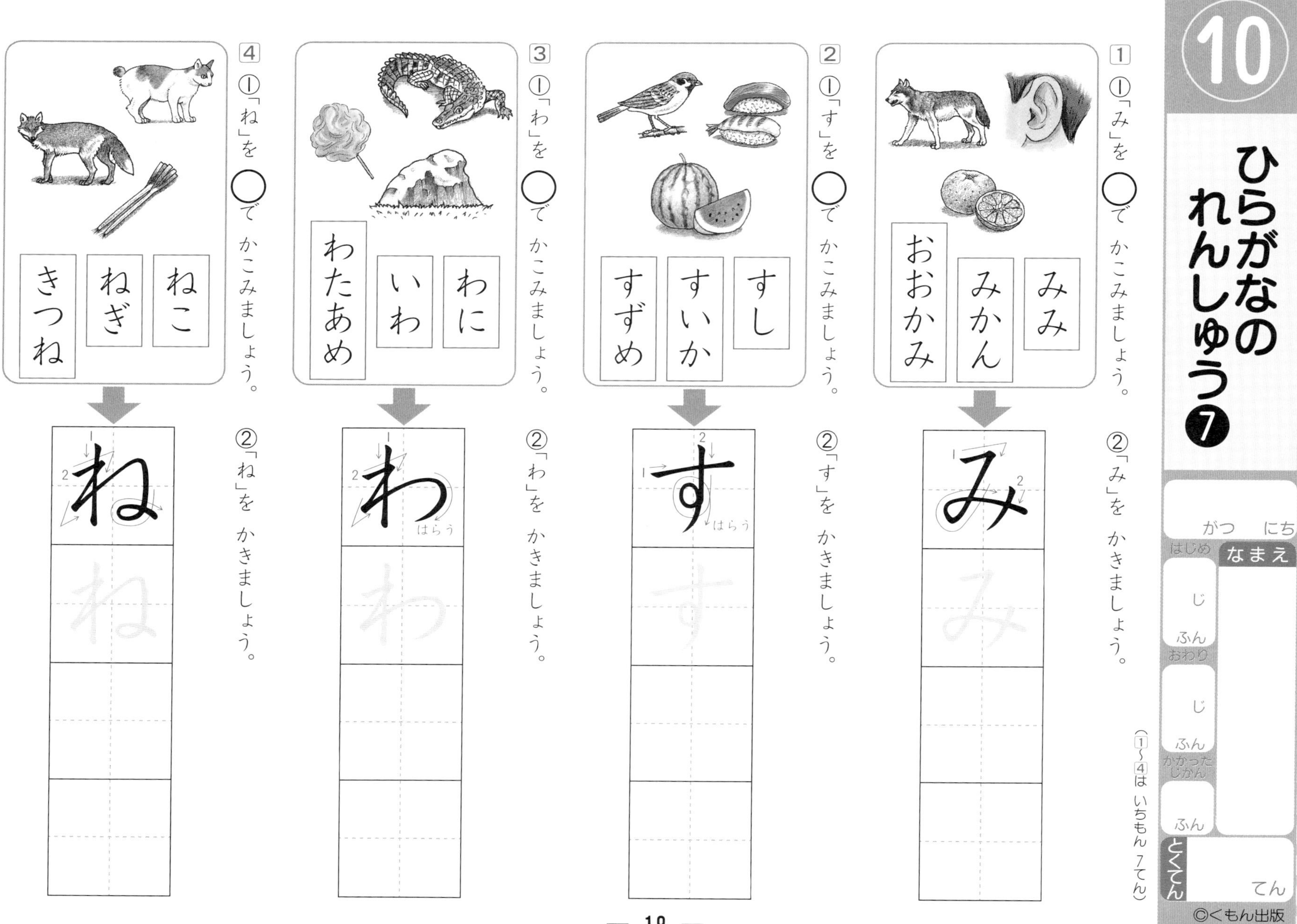

1 ①「み」を ◯で かこみましょう。

みみ
みかん
おおかみ

②「み」を かきましょう。

み（はらう）

2 ①「す」を ◯で かこみましょう。

すし
すいか
すずめ

②「す」を かきましょう。

す（はらう）

3 ①「わ」を ◯で かこみましょう。

わに
いわ
わたあめ

②「わ」を かきましょう。

わ（はらう）

4 ①「ね」を ◯で かこみましょう。

ねこ
ねぎ
きつね

②「ね」を かきましょう。

ね

5 □に 「み」を かいて、 えに あう ことばを つくりましょう。 （ひとつ 6てん）

み

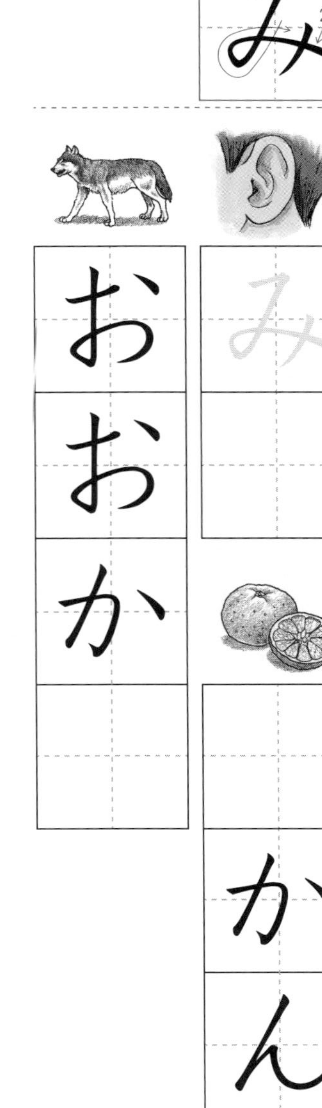

み □　おおか□　□かん

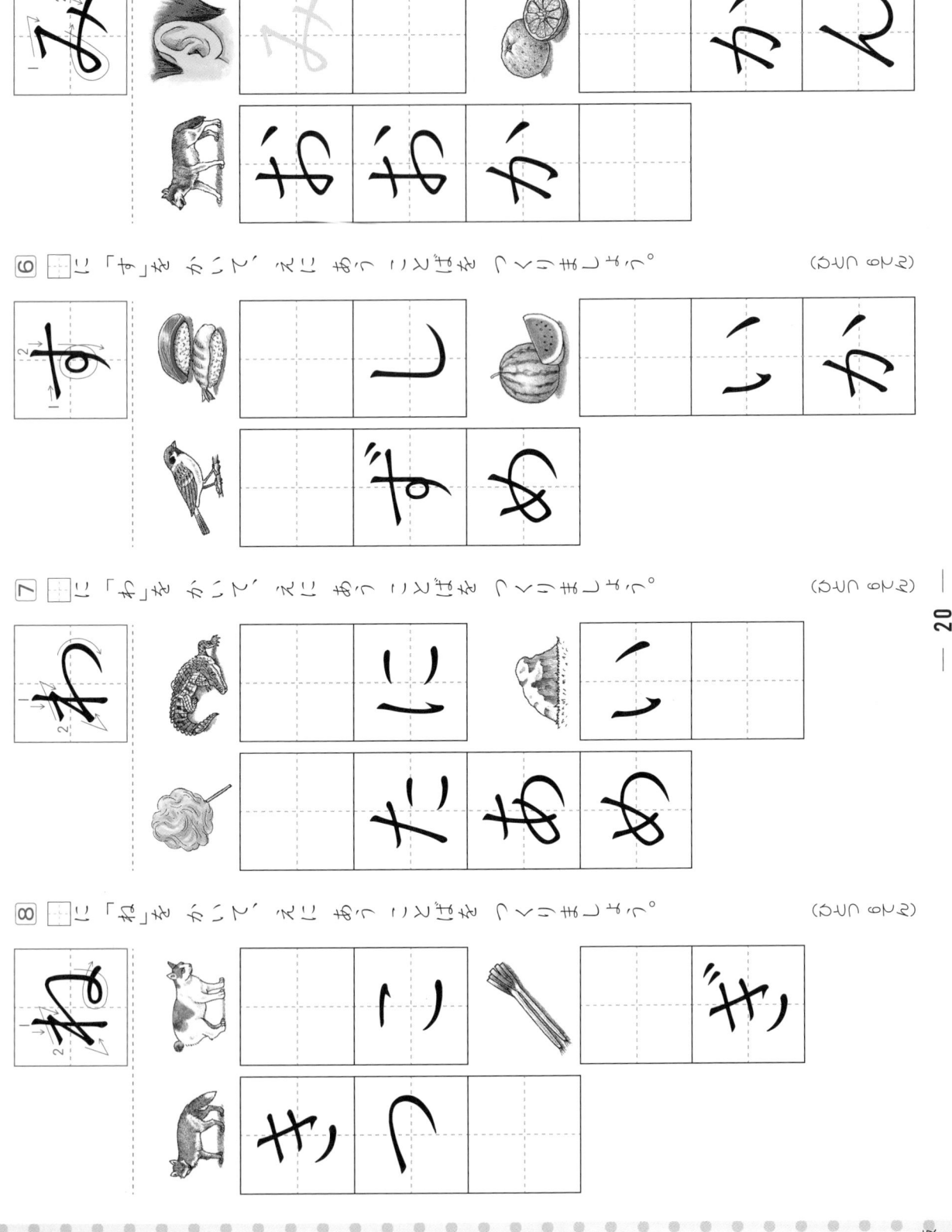

6 □に 「す」を かいて、 えに あう ことばを つくりましょう。 （ひとつ 6てん）

す

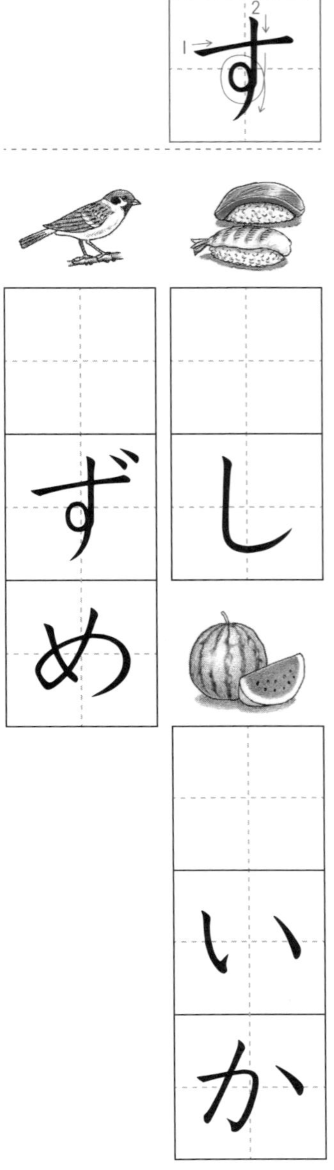

□し　□ずめ　□いか

7 □に 「わ」を かいて、 えに あう ことばを つくりましょう。 （ひとつ 6てん）

わ

□に　□たあめ　い□

8 □に 「ね」を かいて、 えに あう ことばを つくりましょう。 （ひとつ 6てん）

ね

□こ　□□ぎ　きつ□

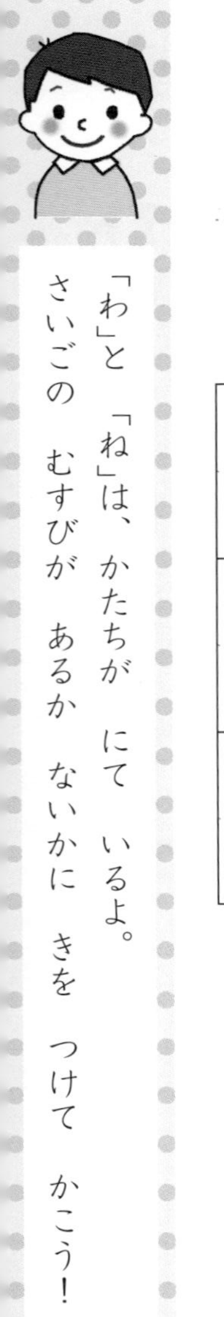

「わ」と 「ね」は、 かたちが にて いるよ。
さいごの むすびが あるか ないかに きを つけて かこう！

11 ひらがなの れんしゅう ❽

がつ　にち

なまえ

はじめ　じ　ふん　おわり　じ　ふん　かかった じかん　ふん

とくてん　てん

（1〜4は いちもん 7てん）

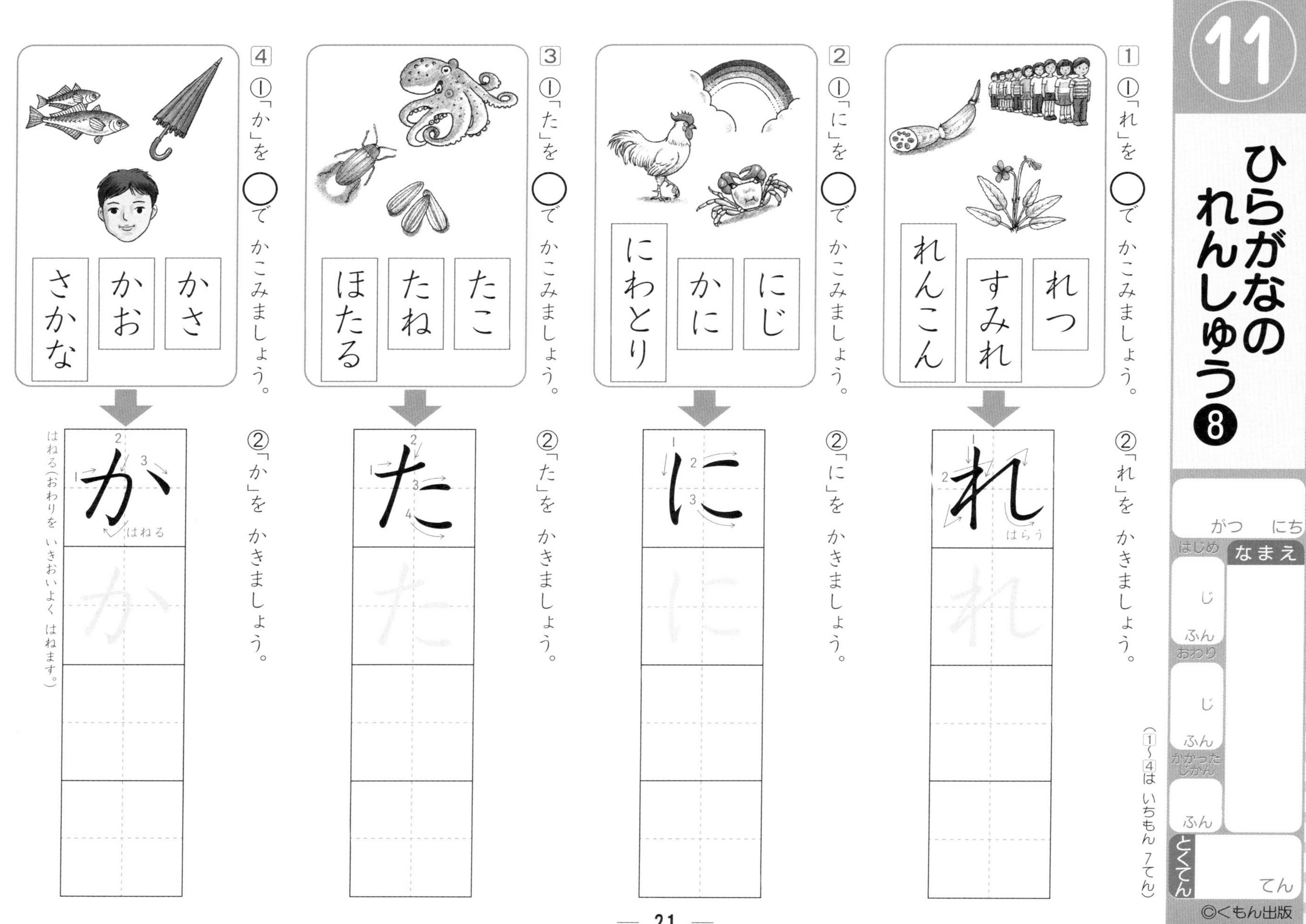

1 ①「れ」を ◯で かこみましょう。

れつ　すみれ　れんこん

②「れ」を かきましょう。

2 ①「に」を ◯で かこみましょう。

にじ　かに　にわとり

②「に」を かきましょう。

3 ①「た」を ◯で かこみましょう。

たこ　たね　ほたる

②「た」を かきましょう。

4 ①「か」を ◯で かこみましょう。

かさ　かお　さかな

②「か」を かきましょう。

はねる（おわりを いきおいよく はねます。）

5 □に「れ」を かいて、えに あう ことばを つくりましょう。（ひとつ 6てん）

れ

（れ）つ

すみ□

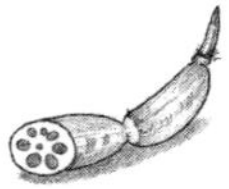

□んこん

6 □に「に」を かいて、えに あう ことばを つくりましょう。（ひとつ 6てん）

に

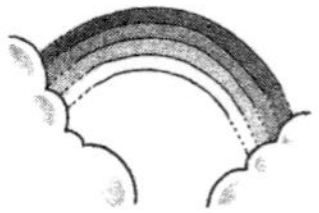

□じ

か□

□わとり

7 □に「た」を かいて、えに あう ことばを つくりましょう。（ひとつ 6てん）

た

□こ

□ね

ほ□る

8 □に「か」を かいて、えに あう ことばを つくりましょう。（ひとつ 6てん）

か

□さ

□お

さ□な

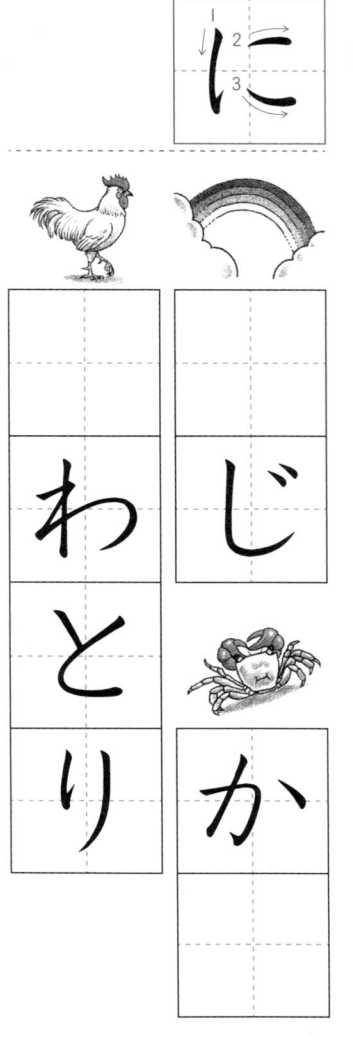

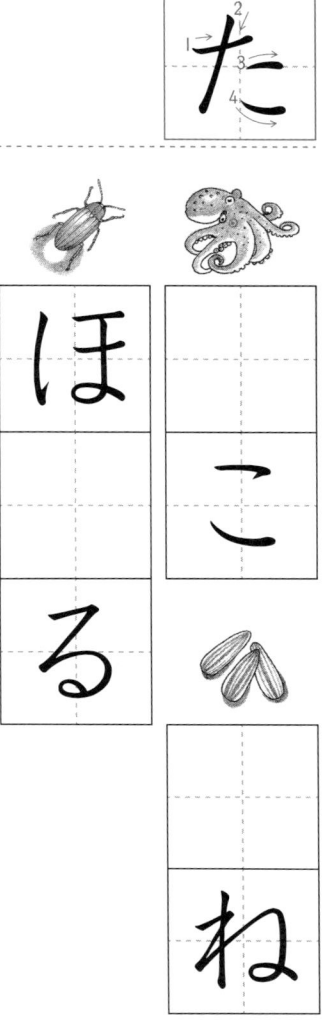

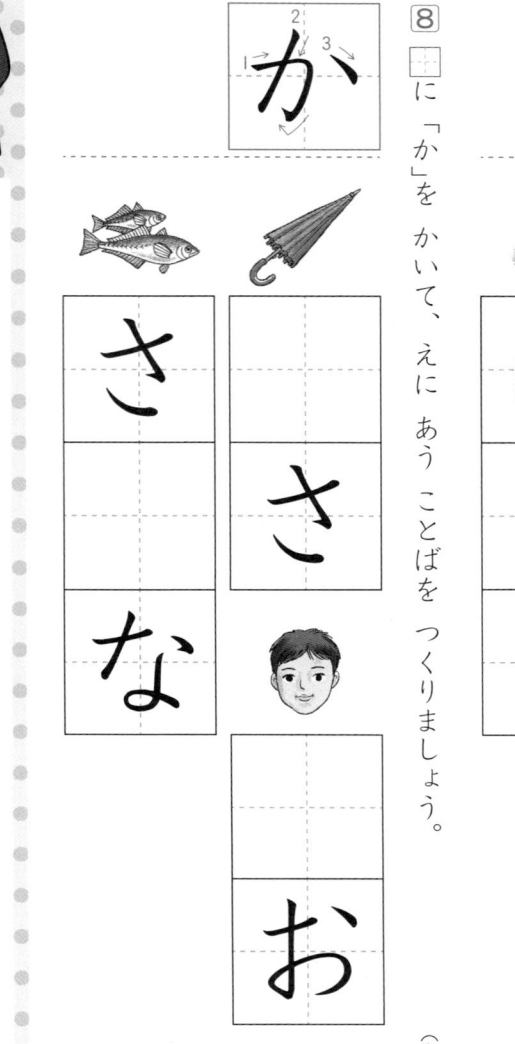

「に」と 「か」は 3かく、「た」は 4かくで かくよ。
「に」と 「た」には、「こ」の じが はいって いるね。

12 ひらがなの れんしゅう ⑨

がつ　にち　なまえ

はじめ　じ　ふん　おわり　じ　ふん　かかった じかん　ふん　とくてん　てん

（1～4は いちもん 7てん）

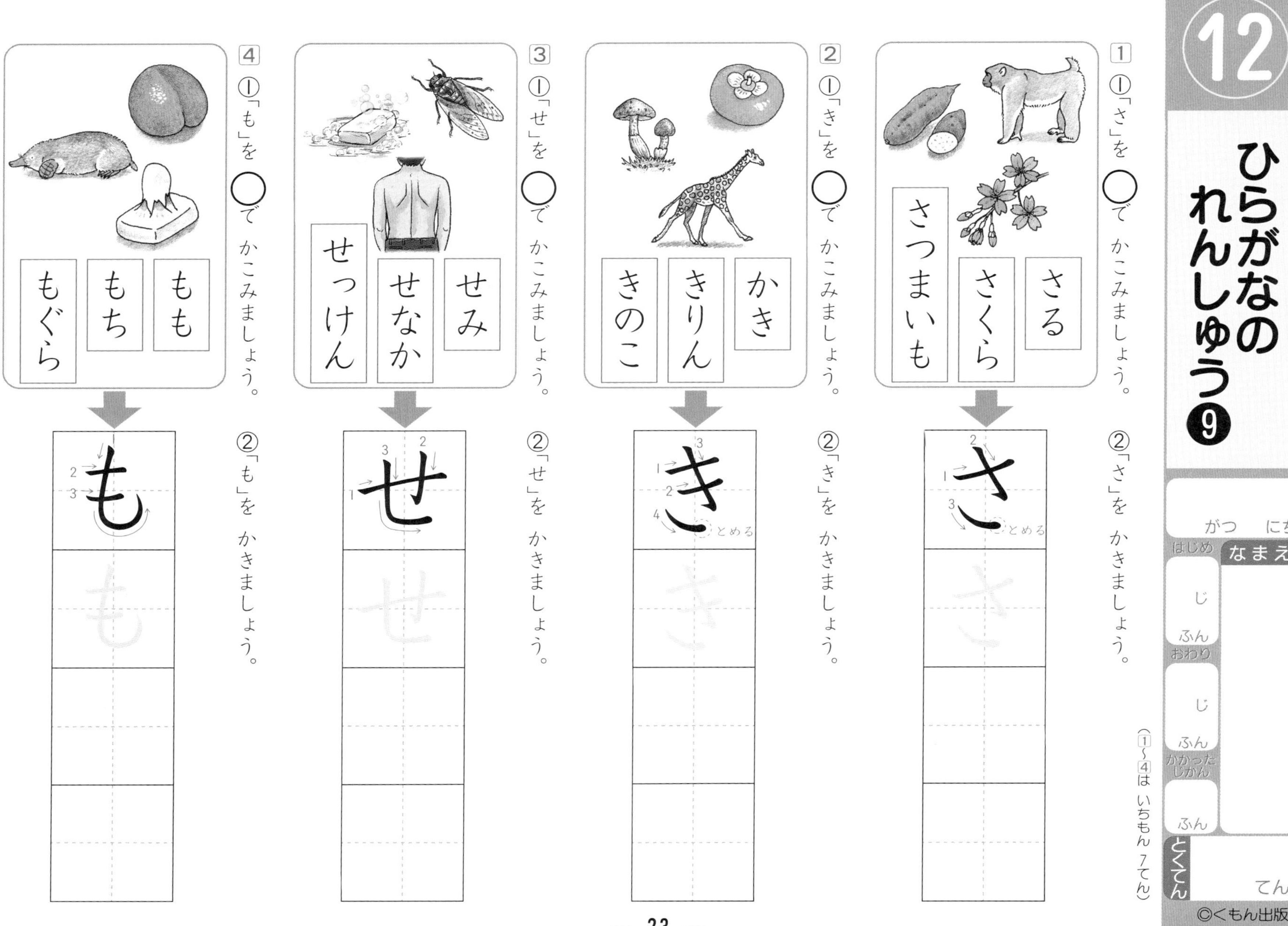

1 ①「さ」を ◯で かこみましょう。
さる
さくら
さつまいも
②「さ」を かきましょう。
さ
とめる
2 ①「き」を ◯で かこみましょう。
かき
きりん
きのこ
②「き」を かきましょう。
き
とめる
3 ①「せ」を ◯で かこみましょう。
せみ
せなか
せっけん
②「せ」を かきましょう。
せ
4 ①「も」を ◯で かこみましょう。
もも
もち
もぐら
②「も」を かきましょう。
も

5 □に「さ」を かいて、えに あう ことばを つくりましょう。（ひとつ 6てん）

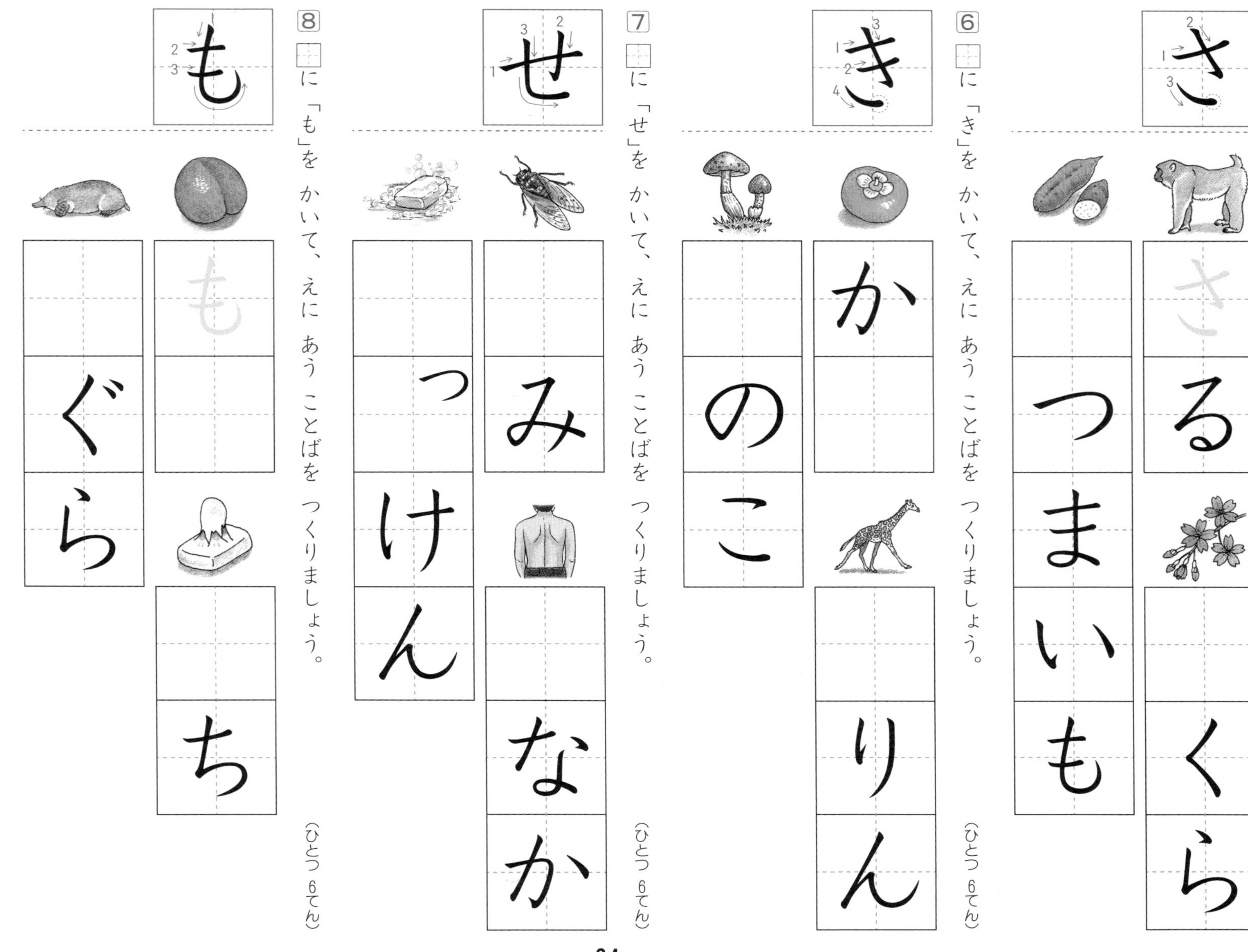

さ

□る
つまいも
□くら

6 □に「き」を かいて、えに あう ことばを つくりましょう。（ひとつ 6てん）

き

か□
□のこ
□りん

7 □に「せ」を かいて、えに あう ことばを つくりましょう。（ひとつ 6てん）

せ

□み
□っけん
□なか

8 □に「も」を かいて、えに あう ことばを つくりましょう。（ひとつ 6てん）

も

□□
□ぐら
□□ち

「さ・き・せ」のように、たてと よこの せんが まじわる ときは、よこから さきに かくよ。でも、「も」は、たてから かくから きを つけよう！

13 ひらがなの れんしゅう⑩

がつ　にち
なまえ
はじめ　じ　ふん
おわり　じ　ふん
かかった じかん　ふん
とくてん　てん

（1〜4は いちもん 7てん）

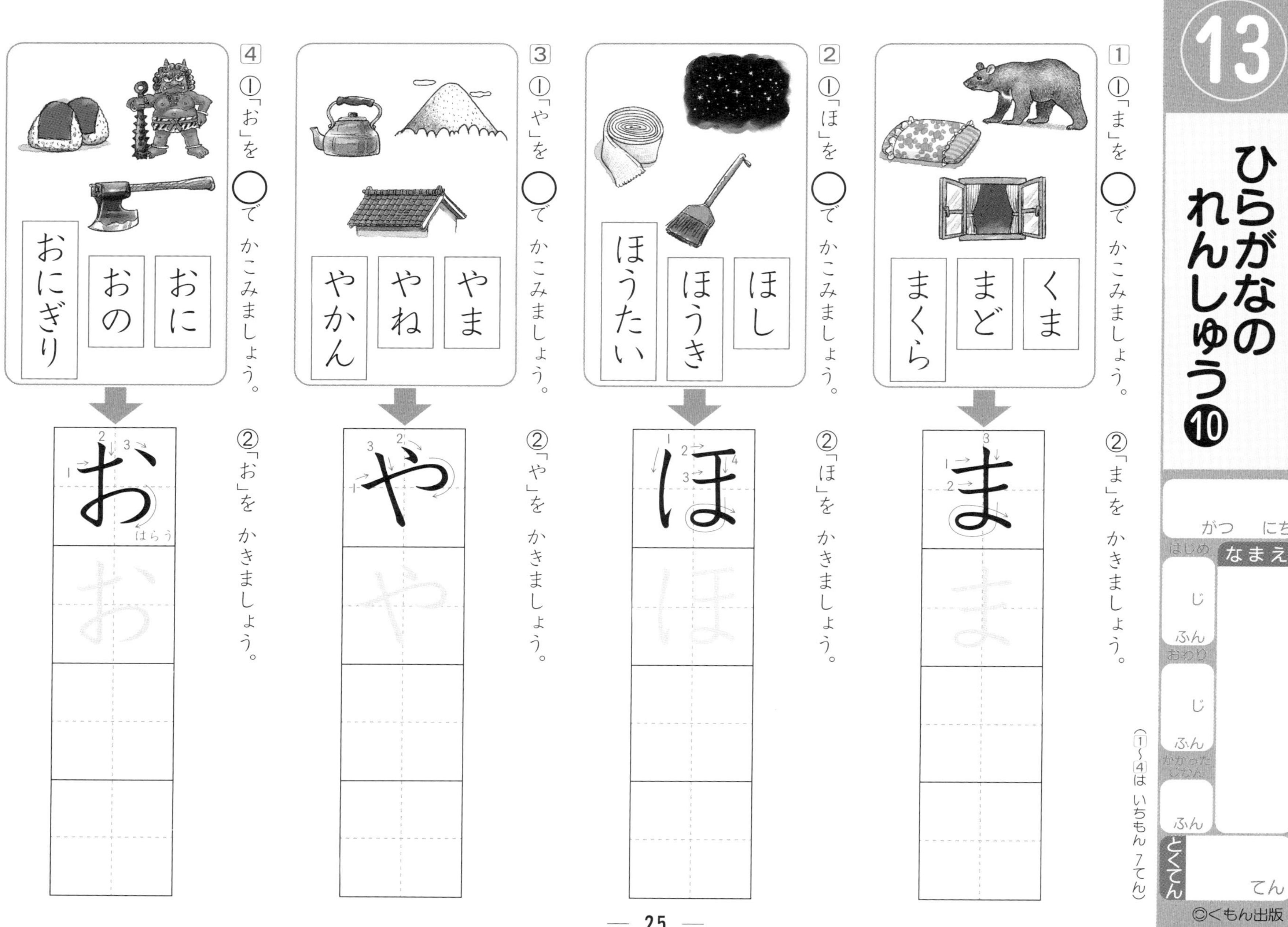

1 ①「ま」を ◯で かこみましょう。

くま　まど　まくら

②「ま」を かきましょう。

ま

2 ①「ほ」を ◯で かこみましょう。

ほし　ほうき　ほうたい

②「ほ」を かきましょう。

ほ

3 ①「や」を ◯で かこみましょう。

やま　やね　やかん

②「や」を かきましょう。

や

4 ①「お」を ◯で かこみましょう。

おに　おの　おにぎり

②「お」を かきましょう。

お（はらう）

5 □に「ま」を かいて、えに あう ことばを つくりましょう。（ひとつ 6てん）

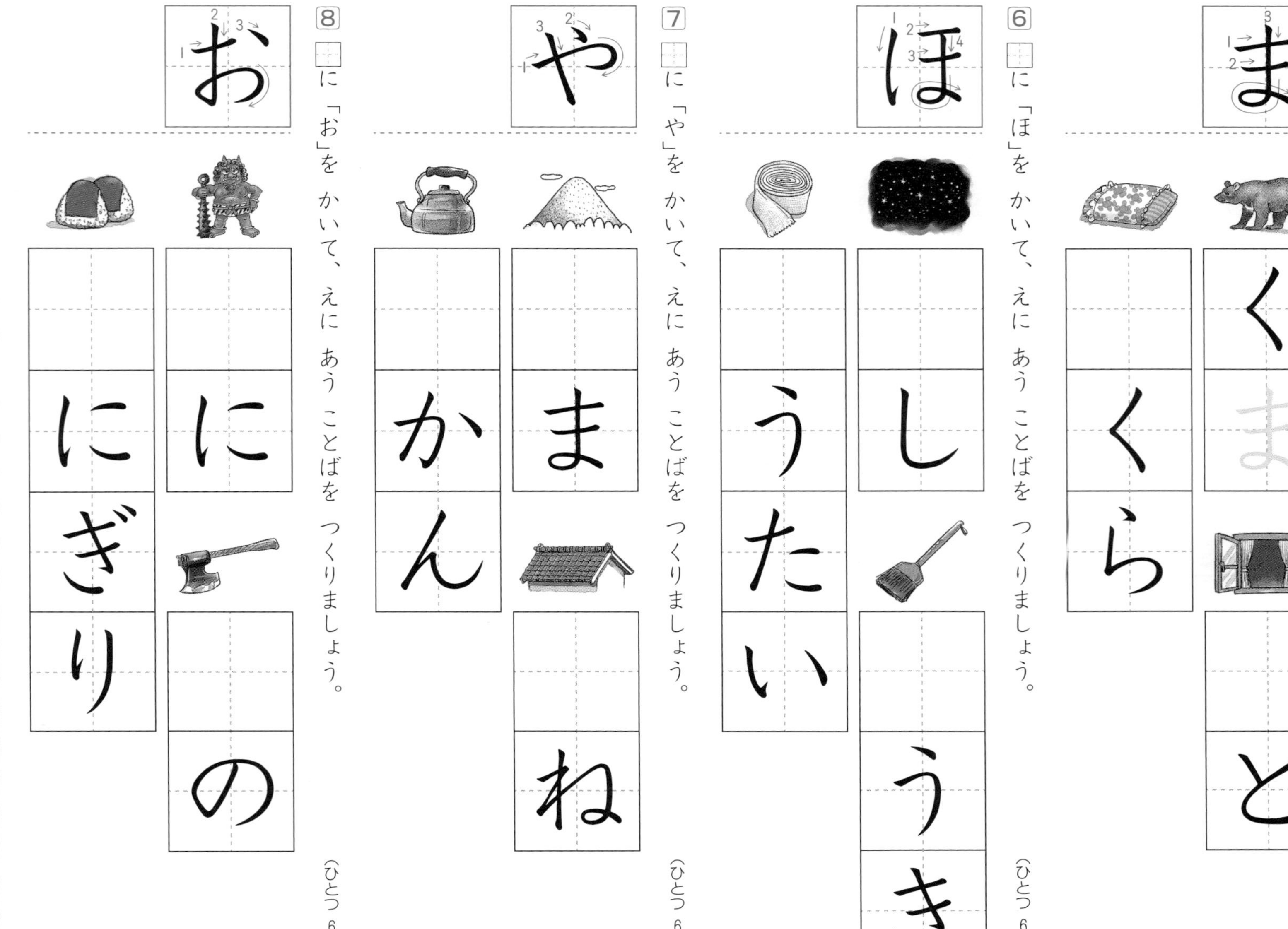

6 □に「ほ」を かいて、えに あう ことばを つくりましょう。（ひとつ 6てん）

7 □に「や」を かいて、えに あう ことばを つくりましょう。（ひとつ 6てん）

8 □に「お」を かいて、えに あう ことばを つくりましょう。（ひとつ 6てん）

「ほ」は、4かくめの たての せんを うえに ださないように、きを つけよう！ 「や」の 「丶」は さいごに かくよ。

14 ひらがなの れんしゅう⑪

がつ　にち　なまえ

はじめ　じ　ふん　おわり　じ　ふん　かかった じかん　ふん　とくてん　てん

（1～4は いちもん 7てん）

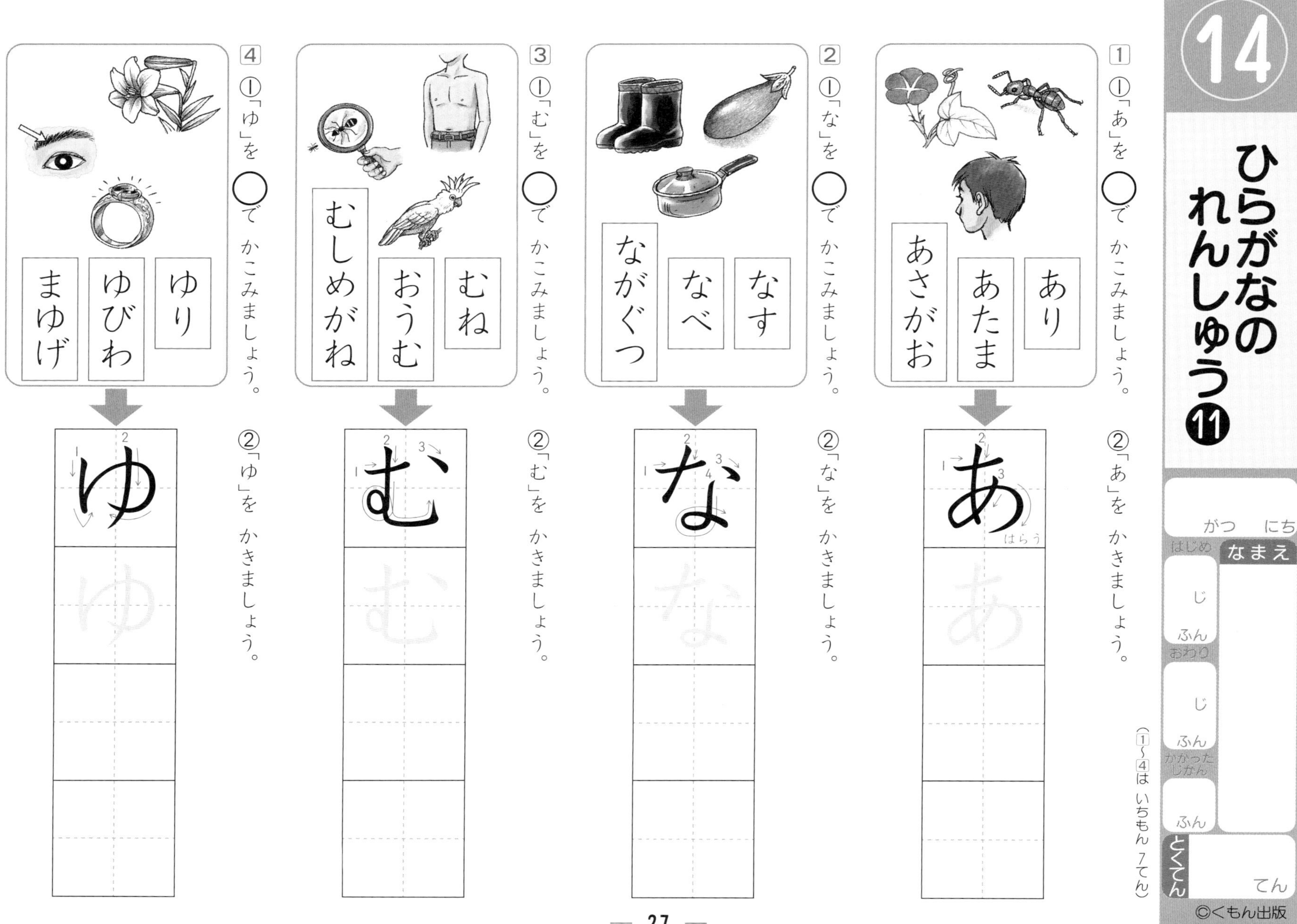

1 ①「あ」を ◯で かこみましょう。

あり　あたま　あさがお

②「あ」を かきましょう。

あ（はらう）

2 ①「な」を ◯で かこみましょう。

なす　なべ　ながぐつ

②「な」を かきましょう。

な

3 ①「む」を ◯で かこみましょう。

むね　おうむ　むしめがね

②「む」を かきましょう。

む

4 ①「ゆ」を ◯で かこみましょう。

ゆり　ゆびわ　まゆげ

②「ゆ」を かきましょう。

ゆ

5 □に「あ」を かいて、えに あう ことばを つくりましょう。（ひとつ 6てん）

あ

□り

□さがお

□たま

6 □に「な」を かいて、えに あう ことばを つくりましょう。（ひとつ 6てん）

な

□す

□がぐつ

□べ

7 □に「む」を かいて、えに あう ことばを つくりましょう。（ひとつ 6てん）

む

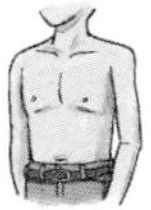

□ね

□しめがね

おう□

8 □に「ゆ」を かいて、えに あう ことばを つくりましょう。（ひとつ 6てん）

ゆ

□り

ま□げ

□びわ

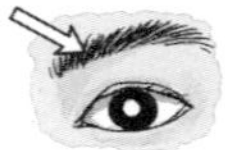

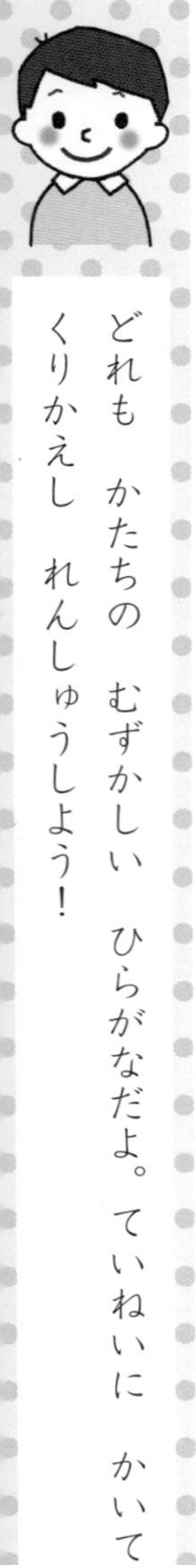

どれも かたちの むずかしい ひらがなだよ。ていねいに かいて、
くりかえし れんしゅうしよう！

ひらがなの れんしゅう⑫

がつ　にち　なまえ

はじめ　じ　ふん　おわり　じ　ふん　かかった じかん　ふん

とくてん　てん

（1・2は いちもん 20てん）

1 ①「ふ」を ◯で かこみましょう。

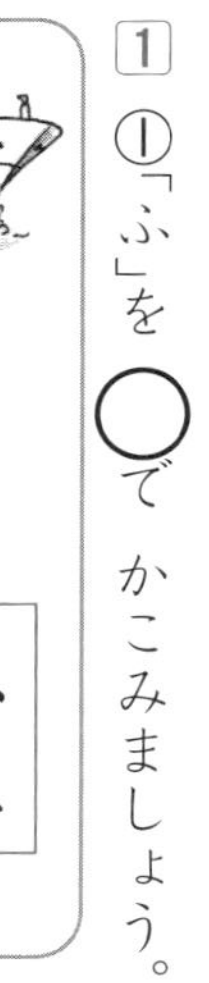

ふね

ふとん

ふくろう

②「ふ」を かきましょう。

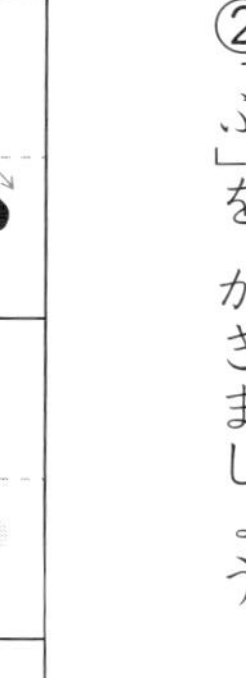

2 ①「を」を ◯で かこみましょう。

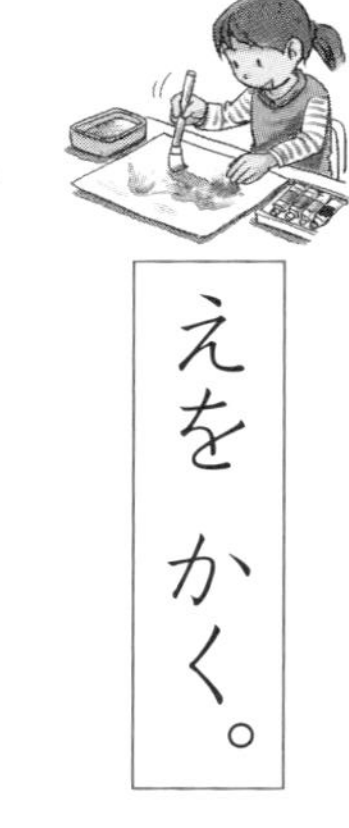

えを かく。

きを きる。

てを あらう。

②「を」を かきましょう。

とめる

「を」は、
ぶんの なかで
つかうよ。

ひらがな あそび　かくれた なまえ

◇ なまえを かいた
かみが、よごれて
しまいました。
なんと かいて
あったでしょう。

①

②

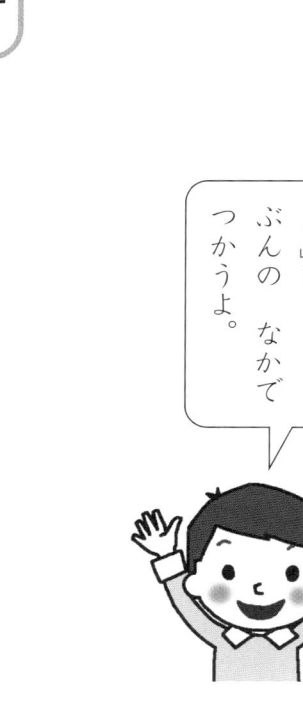

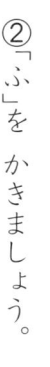

3 □に「ふ」を かいて、えに あう ことばを つくりましょう。（ひとつ 10てん）

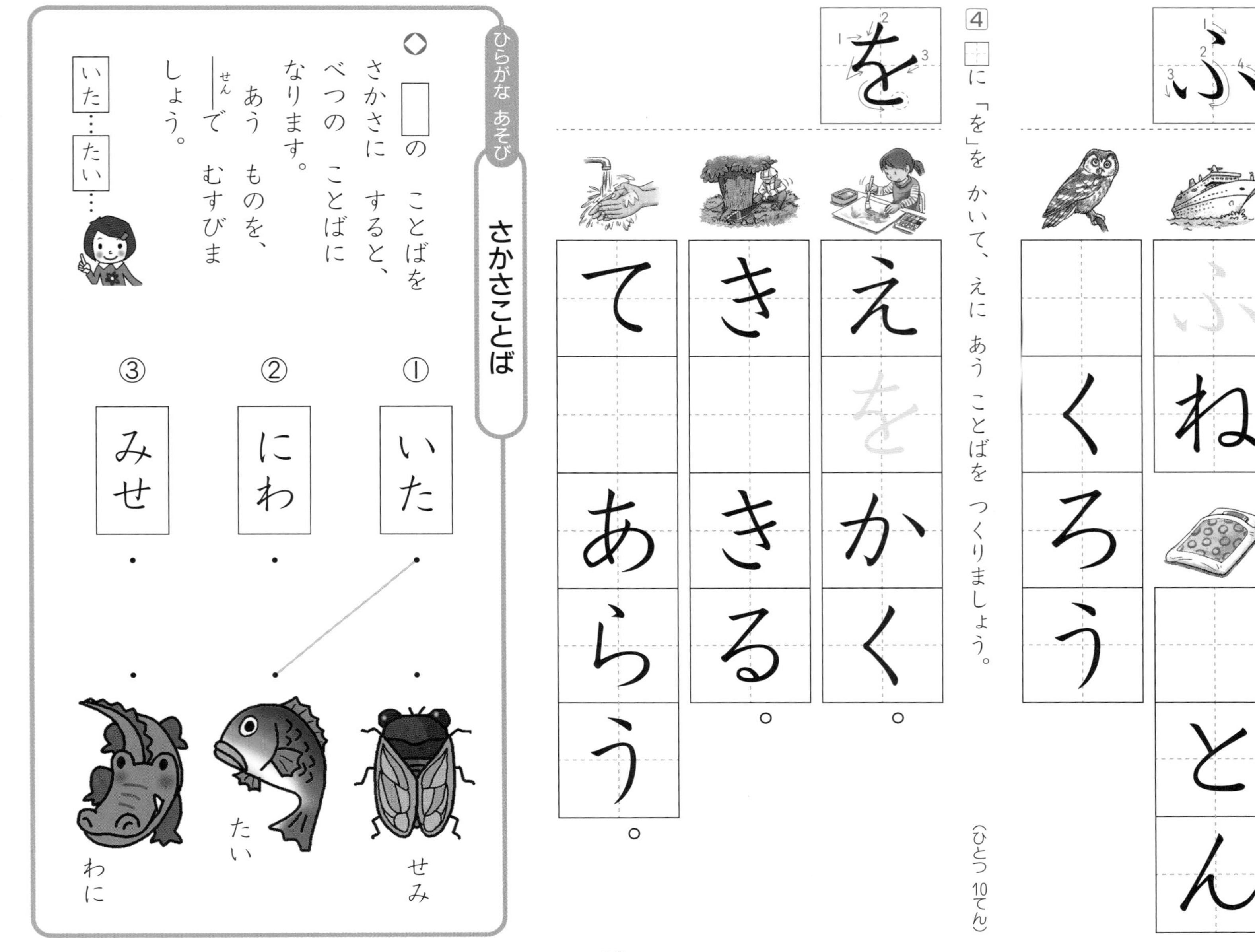

4 □に「を」を かいて、えに あう ことばを つくりましょう。（ひとつ 10てん）

ひらがな あそび　さかさことば

◇ □の ことばを さかさに すると、べつの ことばに なります。あう ものを、—（せん）で むすびましょう。

「ふ」は 4かくで かくよ。
「ふ」のように かく まちがいが おおいので、きを つけよう。

まちがえやすい ひらがな

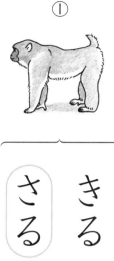

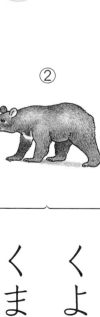

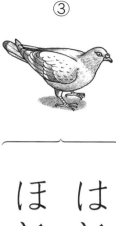

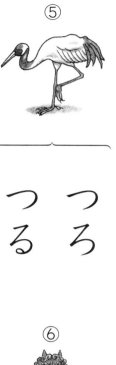

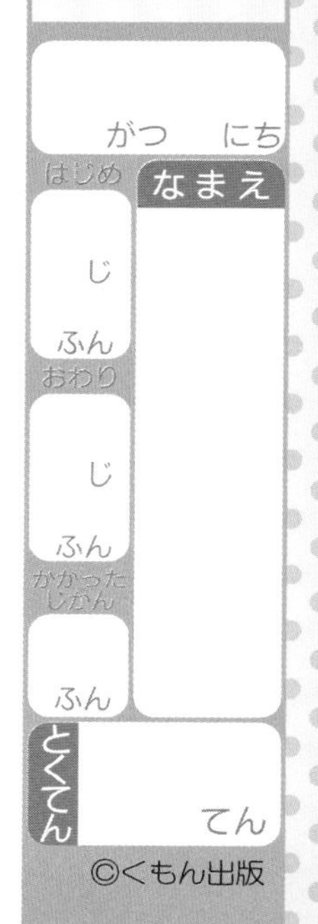

1 えに　あう　ことばを、◯で　かこみましょう。（ひとつ　5てん）

① きる　（さる）

② くよ　くま

③ はと　ほと

④ はち　はら

⑤ つろ　つる

⑥ おに　あに

⑦ いめ　いぬ

⑧ ねこ　わこ

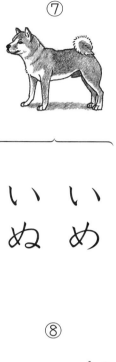

2 えに あうように、□に ひらがなを かきましょう。（ひとつ 5てん）

① よる よ る　くま く ま

② はと と　ほし し

③ かき か　さる る

④ ふろ ふ　つる つ

⑤ かめ か　いぬ い

⑥ ねこ こ　わに に

それぞれの ひらがなの ちがって いる ところに きを つけて、かくように しよう！

17 ひらがなの れんしゅう ⑬

がつ にち

なまえ

はじめ じ ふん

おわり じ ふん

かかった じかん ふん

とくてん てん

1 こえに だして、ぶんを よみましょう。
よんだら、□の ひらがなを なぞりましょう。（ぜんぶ かいて 25てん）

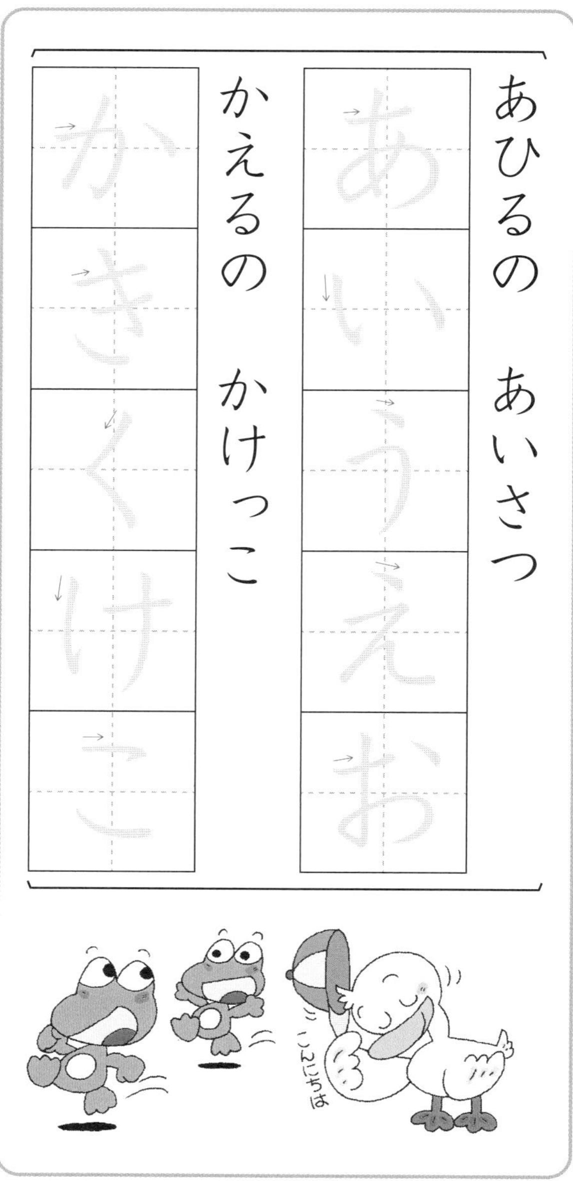

2 「あいうえお」「かきくけこ」を かきましょう。（ぜんぶ かいて 25てん）

3 こえに　だして、ぶんを　よみましょう。
よんだら、□の　ひらがなを　なぞりましょう。

（ぜんぶ　かいて　25てん）

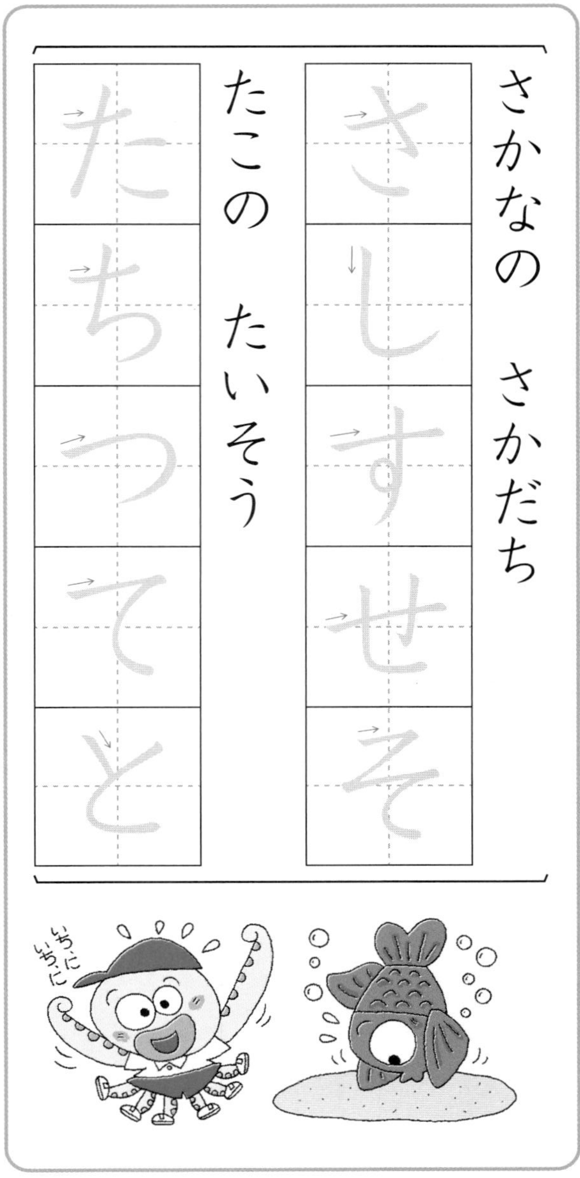

4 「さしすせそ」「たちつてと」を　かきましょう。

（ぜんぶ　かいて　25てん）

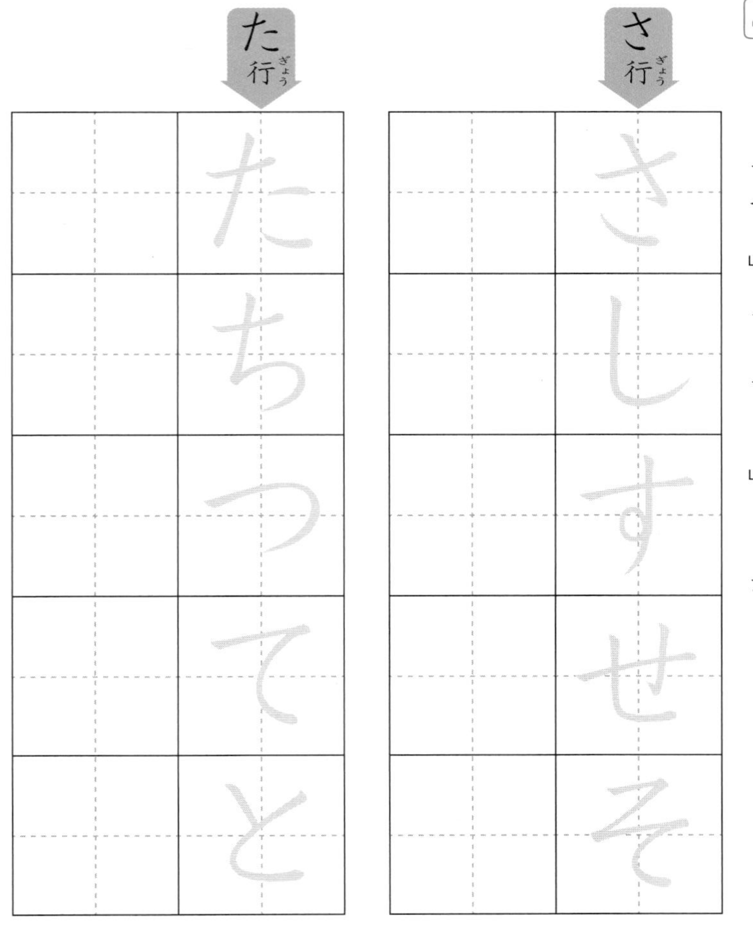

ぶんを　こえに　だして　よんだら、
ていねいに　ひらがなを　かこう。

18 ひらがなの れんしゅう⑭

がつ　にち
なまえ
はじめ　じ　ふん
おわり　じ　ふん
かかった じかん　ふん
とくてん　てん

1　こえに だして、ぶんを よみましょう。
よんだら、□の ひらがなを なぞりましょう。
(ぜんぶ かいて 25てん)

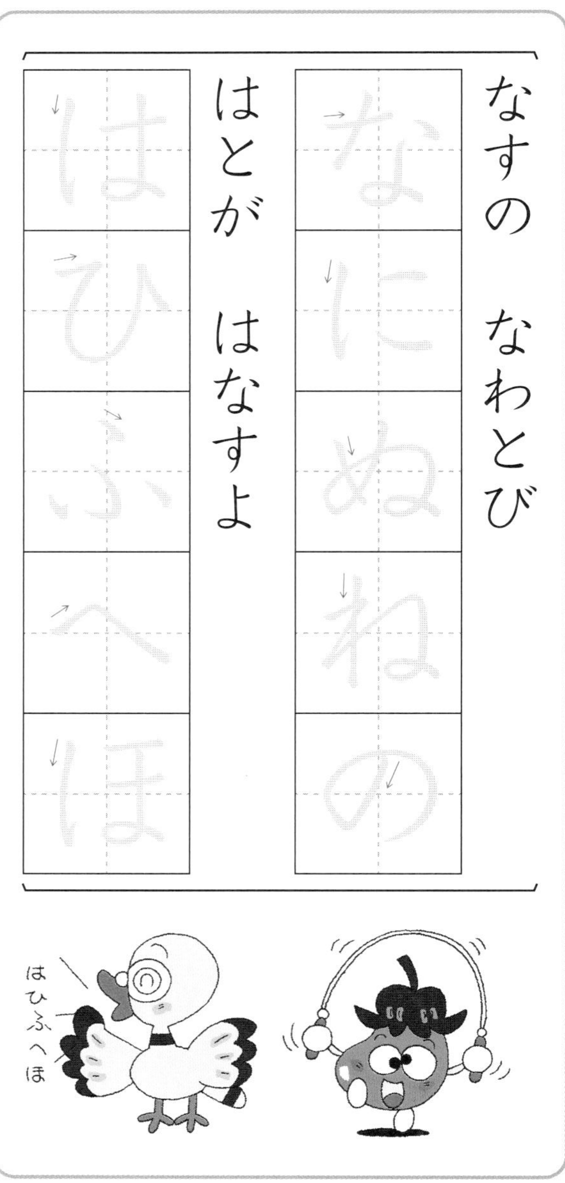

2　「なにぬねの」「はひふへほ」を かきましょう。
(ぜんぶ かいて 25てん)

3 こえに だして、ぶんを よみましょう。
よんだら、□の ひらがなを なぞりましょう。

まんまる まんげつ

まみむめも

やもりの やくそく

や（い）ゆ（え）よ

（ぜんぶ かいて 25てん）

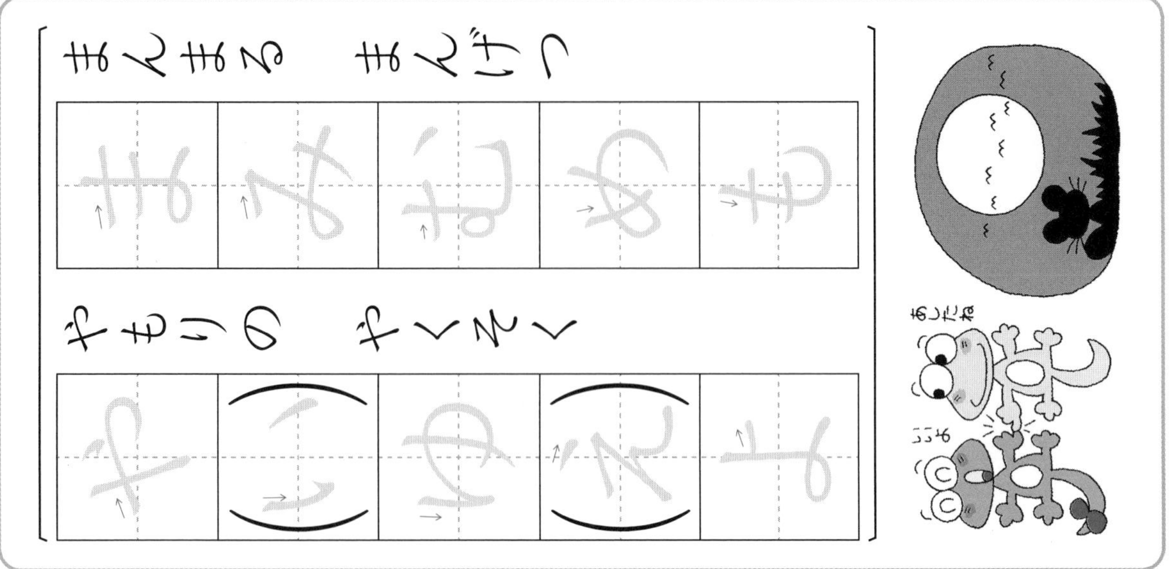

4 「まみむめも」「やいゆえよ」を かきましょう。

ま行

まみむめも

や行

や（い）ゆ（え）よ

（ぜんぶ かいて 25てん）

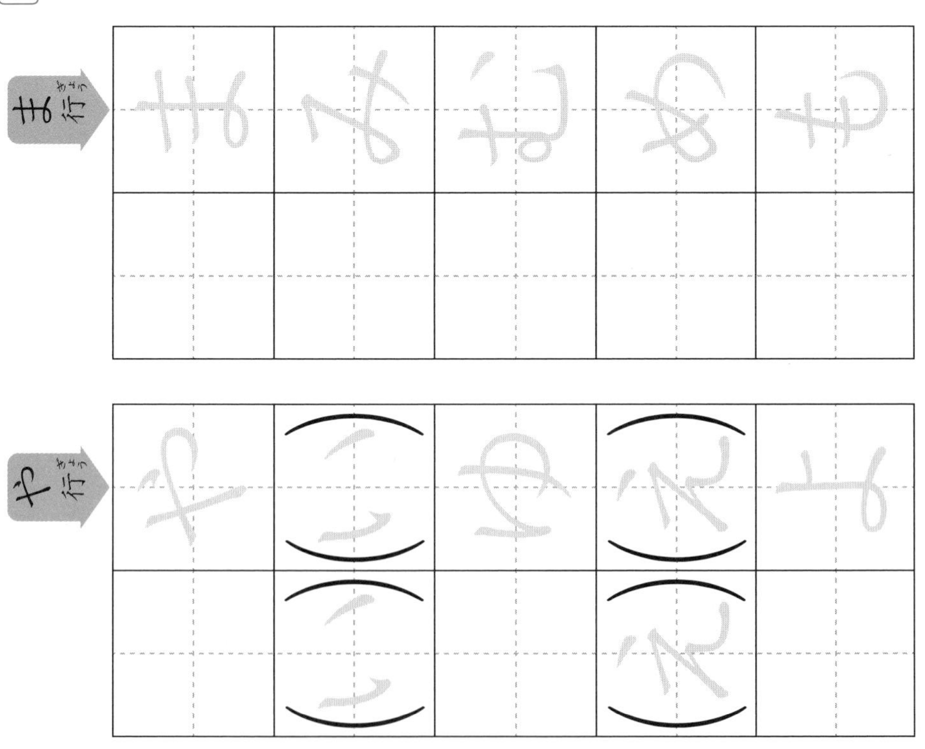

1や 3の ぶんを、こえに だして、くりかえし よんで みよう！

19 ひらがなの れんしゅう⑮

がつ　にち　なまえ

はじめ　じ　ふん　おわり　じ　ふん　かかった じかん　ふん　とくてん　てん

1　こえに　だして、ぶんを　よみましょう。
よんだら、□の　ひらがなを　なぞりましょう。

（ぜんぶ かいて 25てん）

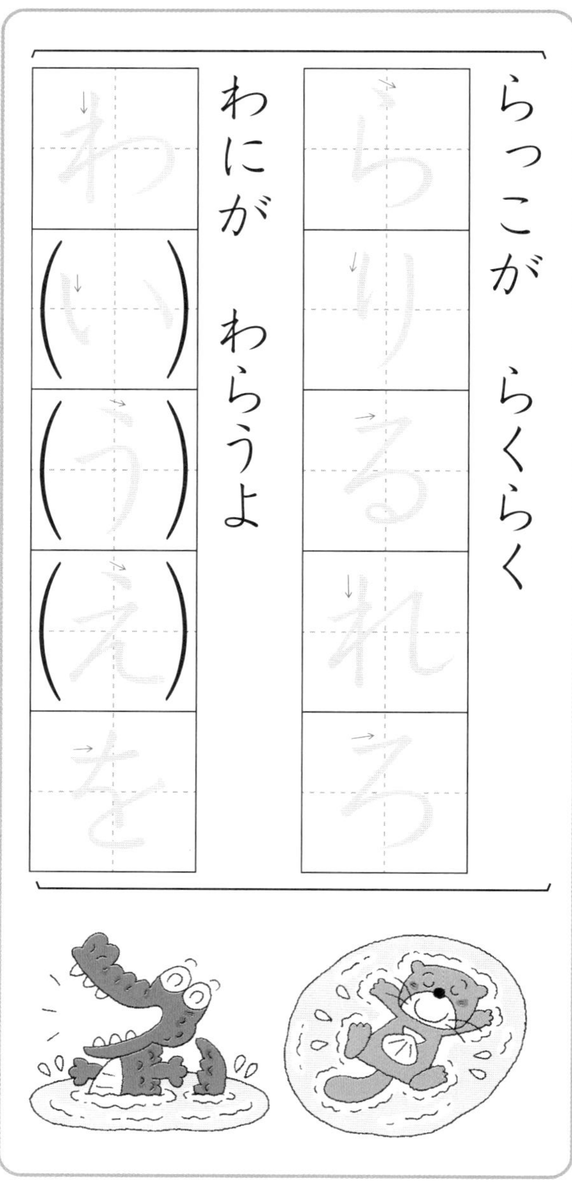

2　「らりるれろ」「わいうえを」を　かきましょう。

（ぜんぶ かいて 25てん）

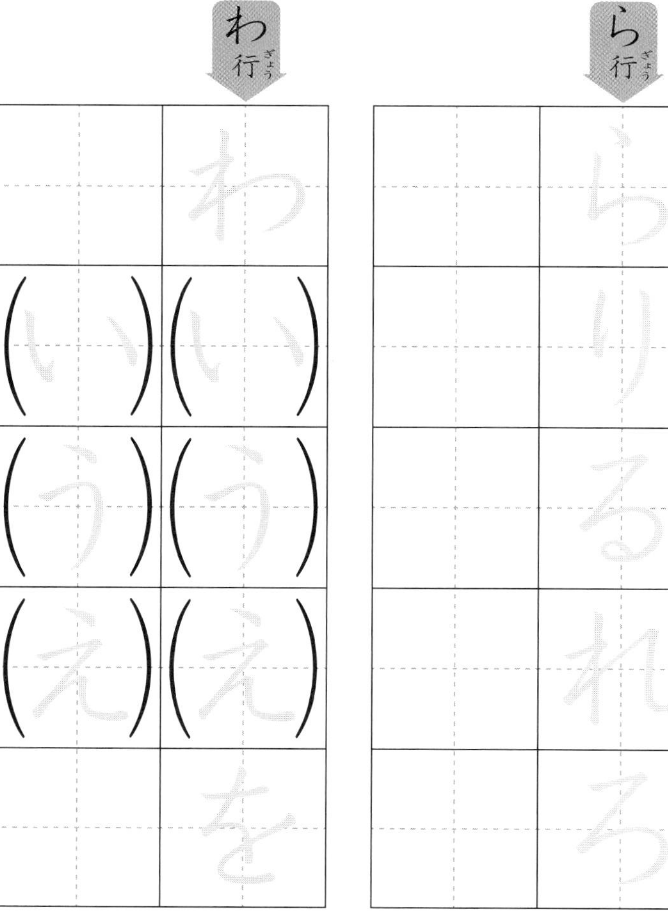

3 こえに だして、ぶんを よみましょう。
よんだら、□の ひらがなを なぞりましょう。

（ぜんぶ かいて 25てん）

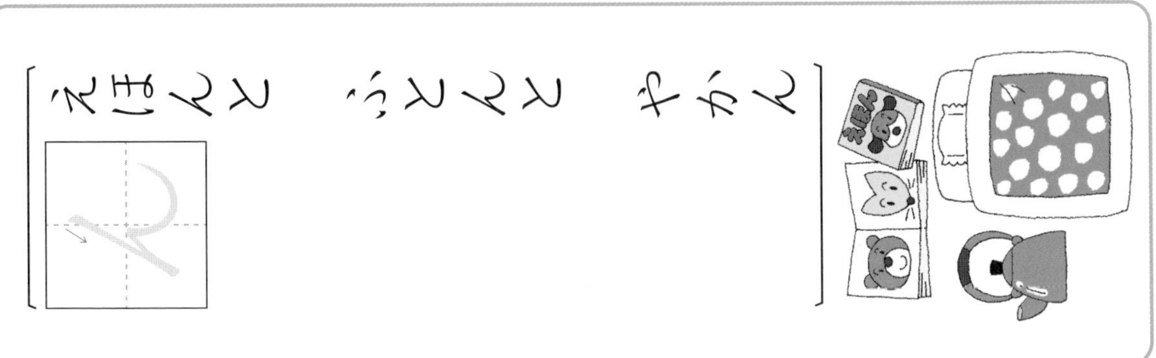

えほんと ふとんと やかん

4 「ん」を かきましょう。

（ぜんぶ かいて 25てん）

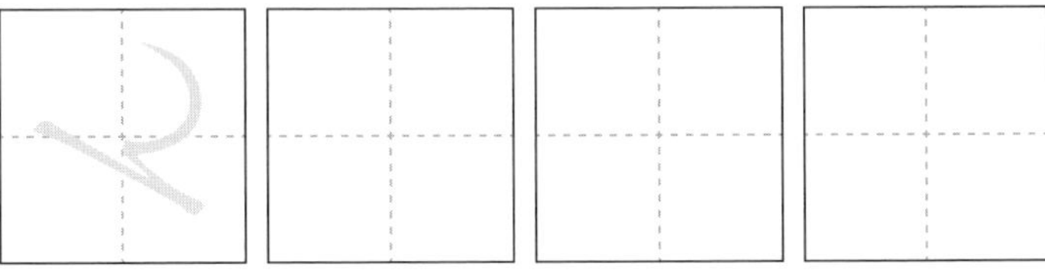

ひらがな あそび めいろで あいうえお

◇スタートから、
「あ→い→う→え→お」の じゅんに
━を ひいて すすみ、
ゴールへ いきましょう。

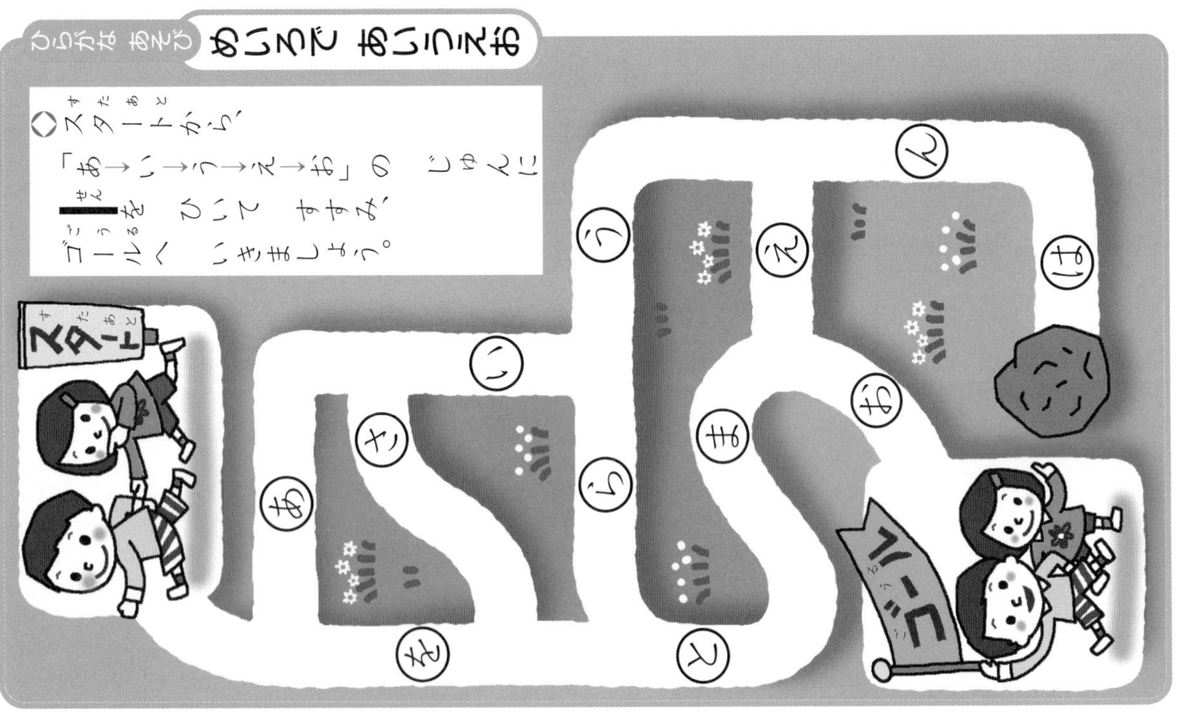

「ん」から はじまる ことばは、ないよ。

20 ひらがなの ひょう❶

がつ　にち

なまえ

はじめ　じ　ふん

おわり　じ　ふん

かかった じかん　ふん

とくてん　てん

1 ひらがなを ❙で たてに むすんで、それぞれの 行を よみましょう。

（ぜんぶ かいて、ぎょうを よんで 40てん）

ここに ❙を ひこう。

あ行	か行	さ行	た行	な行	は行	ま行	や行	ら行	わ行
あ	か	さ	た	な	は	ま	や	ら	わ
い	き	し	ち	に	ひ	み	（い）	り	（い）
う	く	す	つ	ぬ	ふ	む	ゆ	る	（う）
え	け	せ	て	ね	へ	め	（え）	れ	（え）
お	こ	そ	と	の	ほ	も	よ	ろ	を

ん

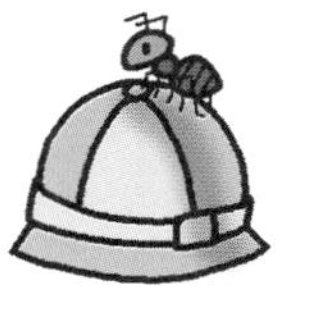

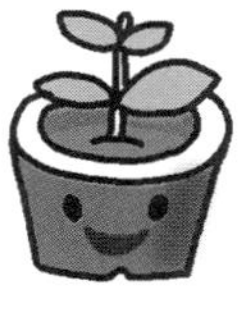

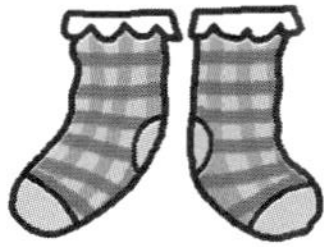

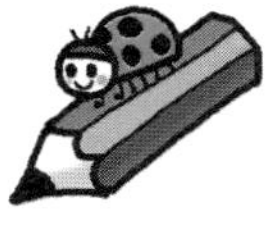

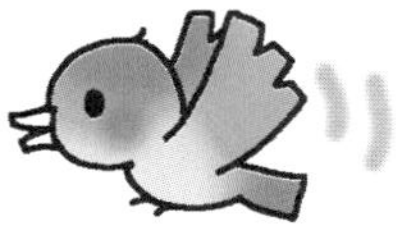

2 ひらがなの　ひょうの　それぞれの　行(ぎょう)を　よみましょう。よんだら、あとの　ひょうに、ひらがなを　かきましょう。

（ぜんぶ　かいて　60てん）

な行	た行	さ行	か行	あ行
な	た	さ	か	あ
に	ち	し	き	い
ぬ	つ	す	く	う
ね	て	せ	け	え
の	と	そ	こ	お

あ↓い↓う↓え↓お
か↓き↓く↓け↓こ
さ↓し…のように、
よもう！

な行	た行	さ行	か行	あ行
な	た	さ	か	あ
に		し		い
	つ		く	う
ね		せ		え
	と		こ	お

わ	ら	や	ま	は	な	た	さ	か	あ
(い)	り	(い)	み	ひ	に	ち	し	き	い
(う)	る	ゆ	む	ふ	ぬ	つ	す	く	う
(え)	れ	(え)	め	へ	ね	て	せ	け	え
を	ろ	よ	も	ほ	の	と	そ	こ	お
ん									

それぞれの　行(ぎょう)を、くりかえし　こえに　だして　よんで　みよう。

21 ひらがなの ひょう❷

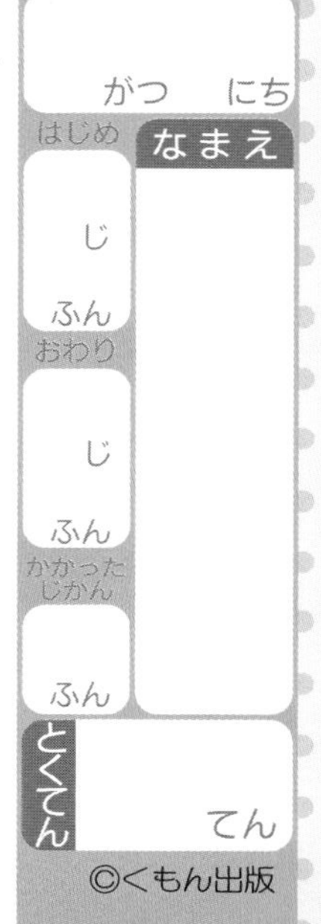

がつ　にち
はじめ　じ　ふん
おわり　じ　ふん
かかった じかん　ふん
なまえ
とくてん　てん

1　ひらがなの　ひょうの　それぞれの　行を　よみましょう。よんだら、あとの　ひょうに、ひらがなを　かきましょう。（ぜんぶ かいて 40てん）

わ行	ら行	や行	ま行	は行
わ	ら	や	ま	は
(い)	り	(い)	み	ひ
(う)	る	ゆ	む	ふ
(え)	れ	(え)	め	へ
を	ろ	よ	も	ほ
ん				

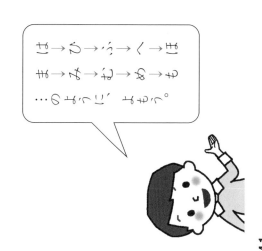

は→ひ→ふ→へ→ほ
ま→み→む→め→も
…のように、よもう。

わ行	ら行	や行	ま行	は行
わ	ら	や	ま	は
(い)		(い)		ひ
(う)	る		む	ふ
(え)		(え)		へ
	ろ		も	ほ
ん				

わ	ら	や	ま	は	な	た	さ	か	あ
(い)	り	(い)	み	ひ	に	ち	し	き	い
(う)	る	ゆ	む	ふ	ぬ	つ	す	く	う
(え)	れ	(え)	め	へ	ね	て	せ	け	え
を	ろ	よ	も	ほ	の	と	そ	こ	お
ん									

2 □に ひらがなを かいて、ひょうを つくりましょう。(ぜんぶ かいて 50てん)

あ行	か行	さ行	た行	な行	は行	ま行	や行	ら行	わ行
あ		さ		な		ま		ら	
	き		ち		ひ		(い)		(い)
う		す		ぬ		む		る	(う)
	け		て		へ		(え)		(え)
お		そ		の		も		ろ	

ん

3 うえの ひらがなの ひょうを よこ(だん)に よみましょう。(ぜんぶ よんで 10てん)

よこに よむと、こんな じゅんに なるよ！

あかさたなは
まやらわ
↓ いきしちに
ひみいりい
↓ うくすつぬ
ふむゆるう
↓ えけせてね
へめえれえ
↓ おこそとの
ほもよろを

ひらがなの ひょうを くりかえし こえに だして よもう。たて(行)に よんだり、よこ(だん)に よんだり して みよう。

22 かくにんドリル（どりる）❶

がつ　にち

なまえ

はじめ　じ　ふん

おわり　じ　ふん

かかったじかん　ふん

とくてん　てん

1　えに　あう　ことばを、□に　かきましょう。（ひとつ　5てん）

①くつ　く□

②ひも　ひ□

③いす　□す

④へそ　□そ

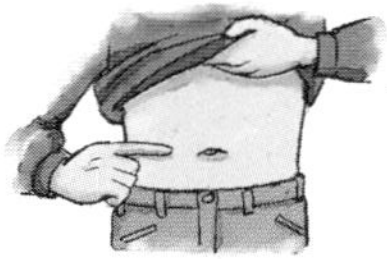

⑤ほん　ほ□

⑥むね　□ね

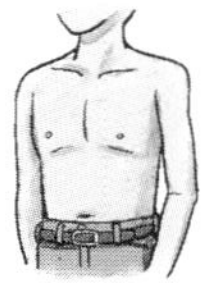

⑦かさ　□さ

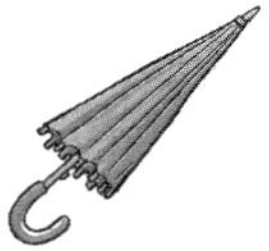

⑧こま　□ま

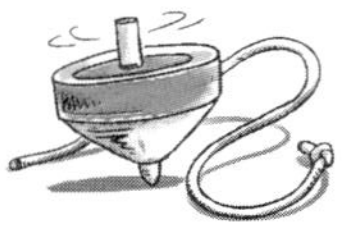

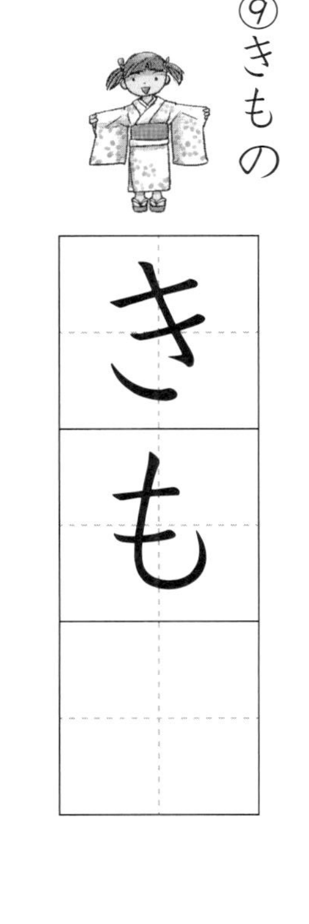

⑨きもの　きも□

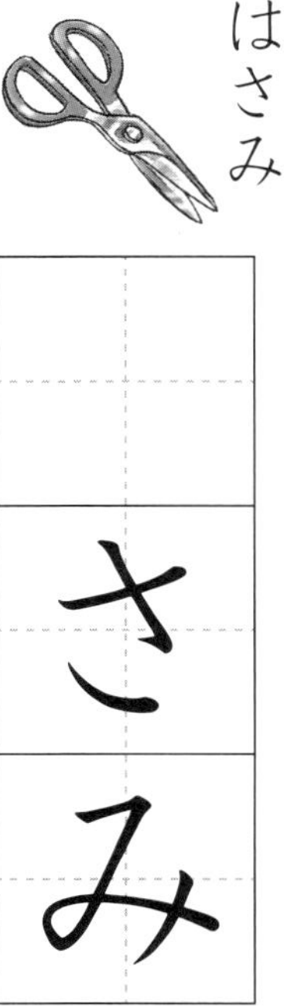

⑩はさみ　□さみ

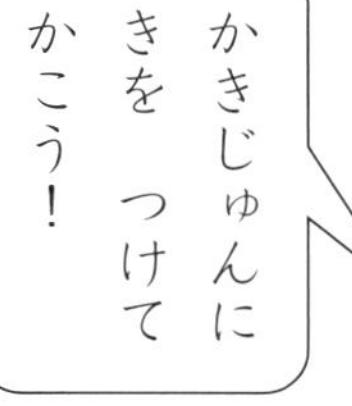

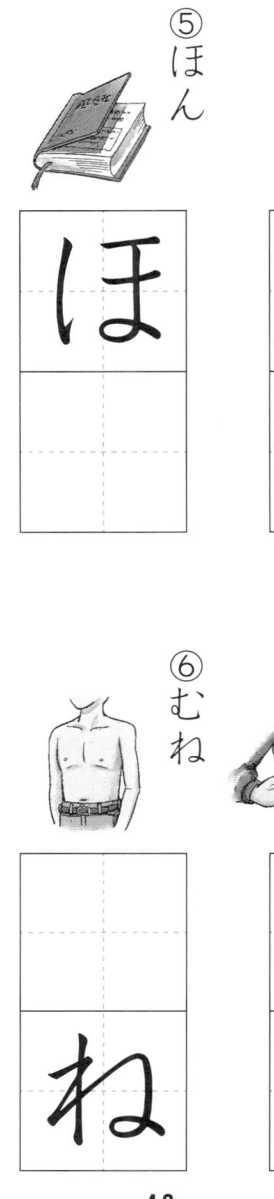

2 えに　あう　ことばを、□に　かきましょう。

（ひとつ　5てん）

まず、えが　あらわす　ものの　なまえを　いって　みよう。
その　あとで、ことばを　かいて　みよう。

23 「゛（てんてん）」の　つく　ひらがな ❶

がつ　にち
なまえ
はじめ　じ　ふん　おわり　じ　ふん　かかった じかん　ふん
とくてん　てん

1　こえに　だして、ぶんを　よみましょう。
よんだら、●の　ひらがなを、◯で　かこみましょう。
（ぜんぶ　かいて　20てん）

かきの　ついた　かぎ。
ざるを　もつ　さる。
だいの　うえの　たい。
はねのように　とぶ　ばね。

2　「゛（てんてん）」の　つく　ひらがなを　かきましょう。
（ぜんぶ　かいて　25てん）

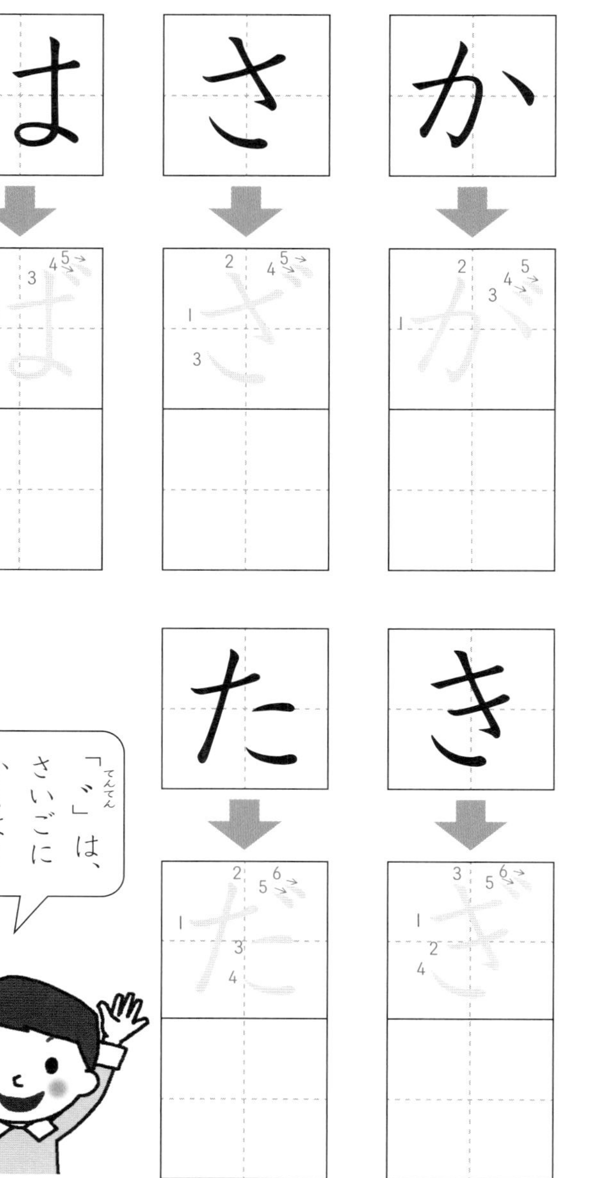

3 こえに だして、ぶんを よみましょう。よんだら、□の ひらがなを なぞりましょう。

（ぜんぶ かいて 20てん）

がああ げろげろ

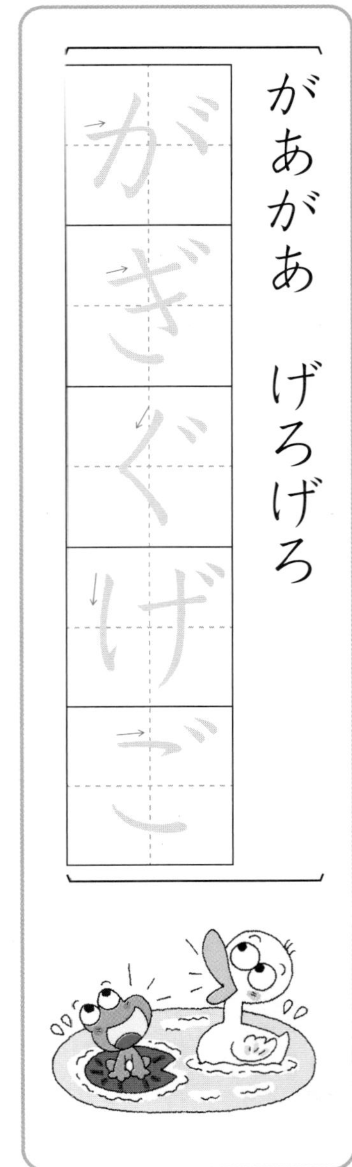

4 「がぎぐげご」を かきましょう。

（ぜんぶ かいて 20てん）

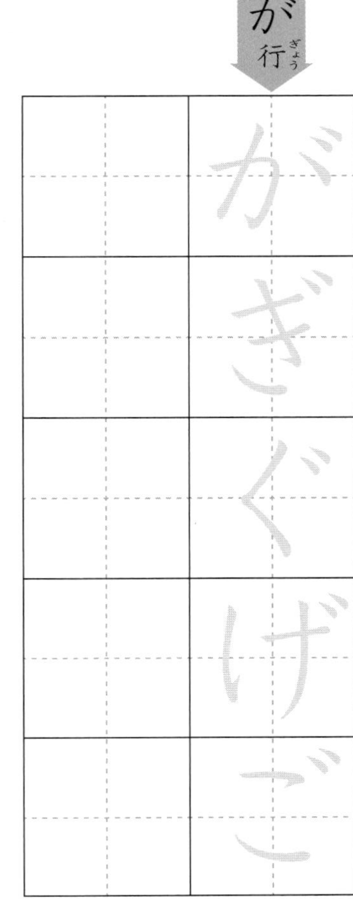

5 えに あうように、□に ひらがなを かきましょう。

（ひとつ 5てん）

①かぎ

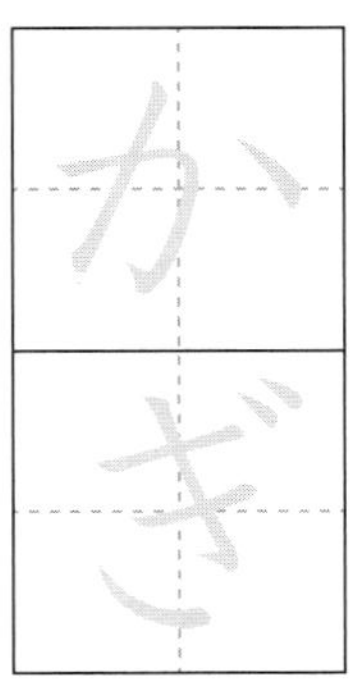

②ごま

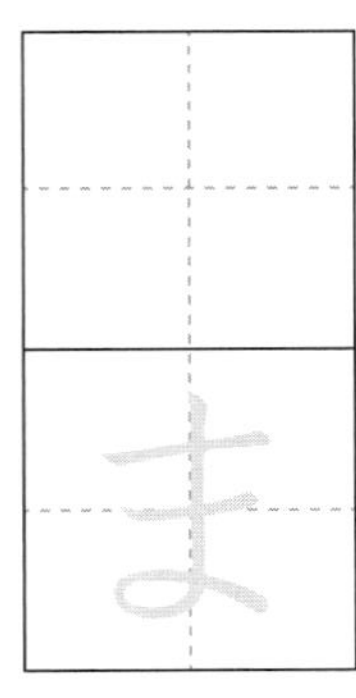

③ながぐつ

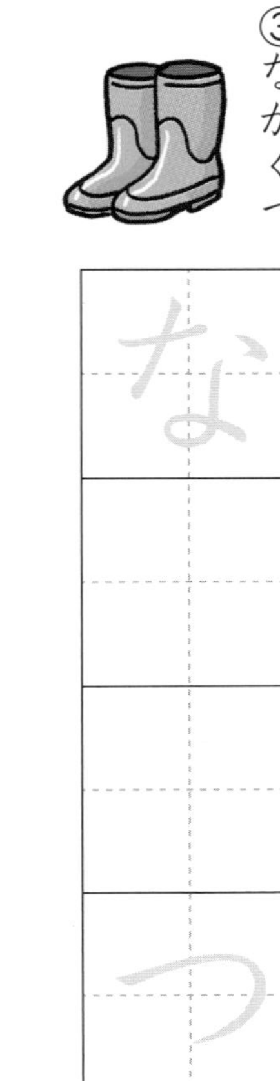

「゛(てんてん)」は、みぎしたに むかって、ななめに かくよ！

24 「゛」の つく ひらがな❷

がつ　にち　なまえ
はじめ　じ　ふん　おわり　じ　ふん　かかった じかん　ふん　とくてん　てん

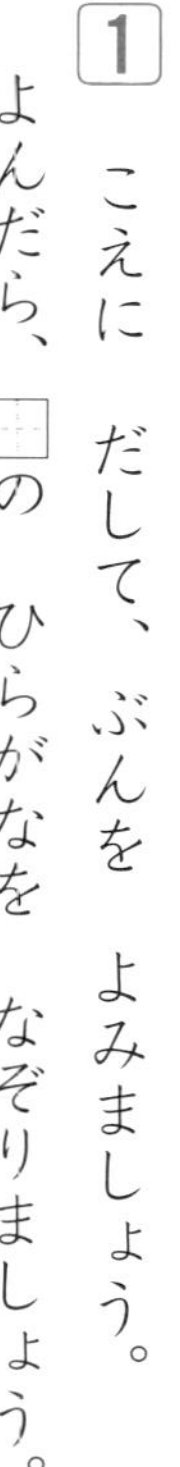

1　こえに だして、ぶんを よみましょう。
よんだら、□の ひらがなを なぞりましょう。　（ぜんぶ かいて 10てん）

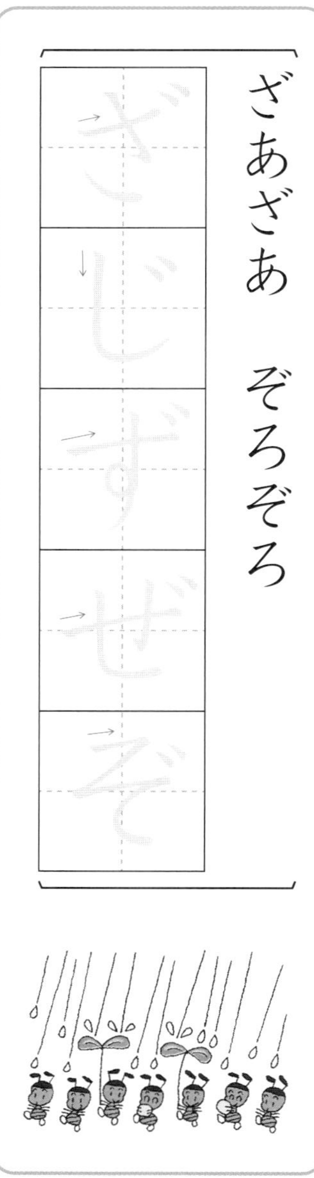

ざあざあ　ぞろぞろ

2　「ざじずぜぞ」を かきましょう。　（ぜんぶ かいて 20てん）

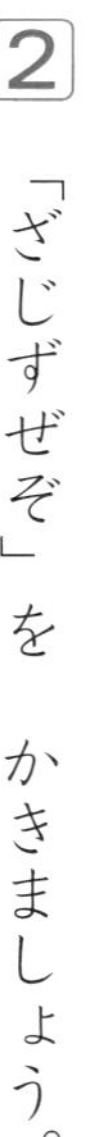

ざ行

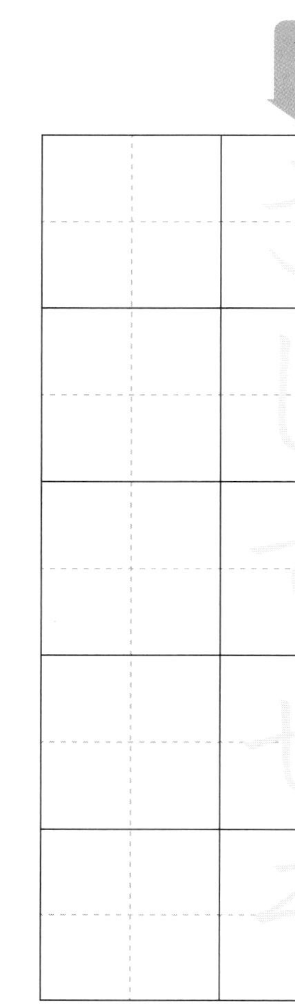

3　えに あうように、□に ひらがなを かきましょう。　（ひとつ 5てん）

①ひざ

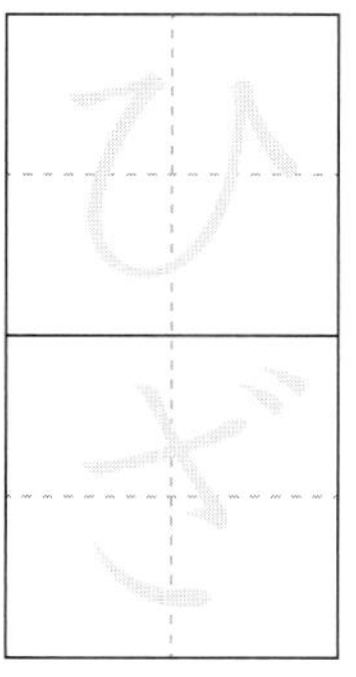

②にじ

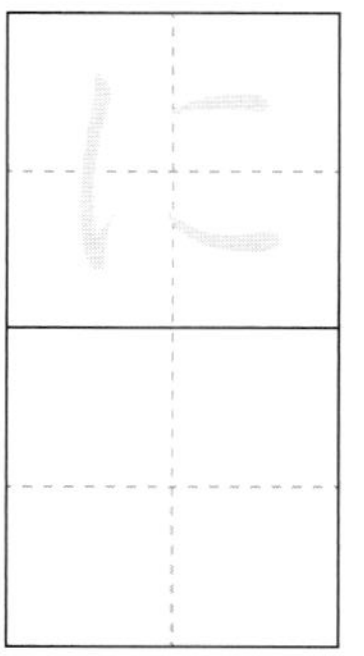

③かぜ

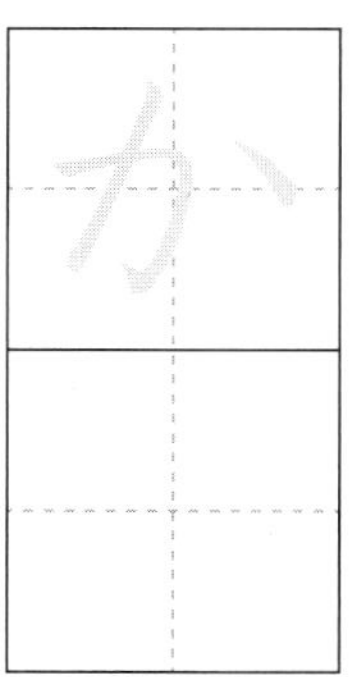

④ぞう

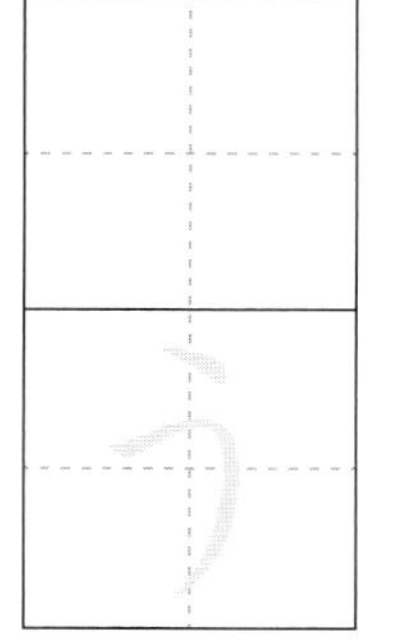

4 こえに だして、ぶんを よみましょう。
よんだら、□の ひらがなを なぞりましょう。
（ぜんぶ かいて 15てん）

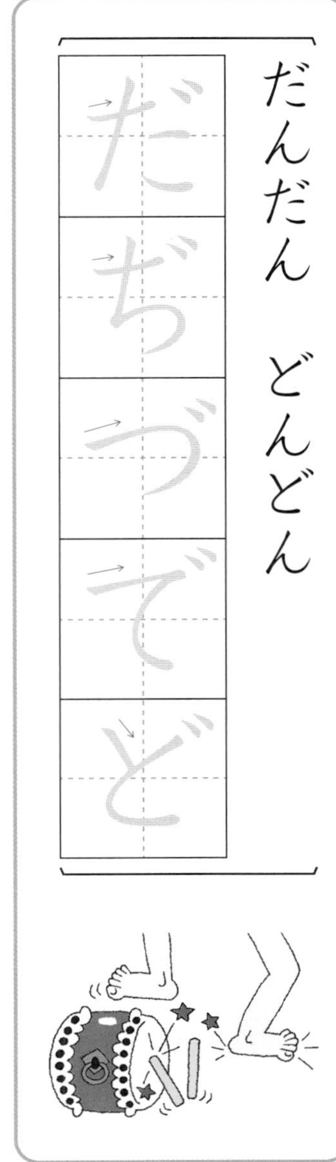

5 「だぢづでど」を かきましょう。
（ぜんぶ かいて 20てん）

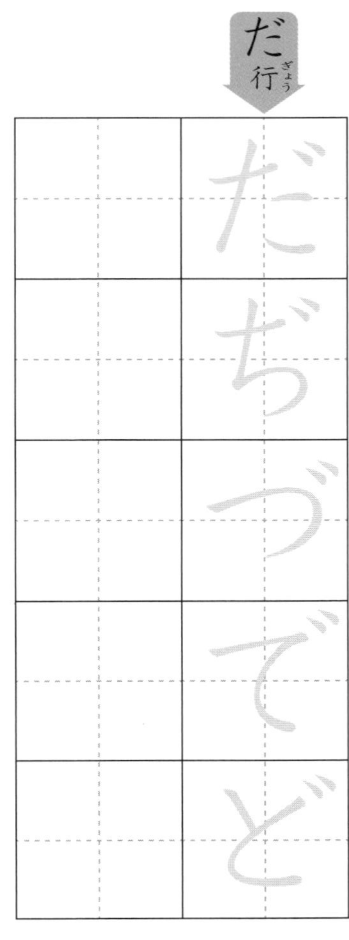

6 えに あうように、□に ひらがなを かきましょう。
（ひとつ 5てん）

①だい

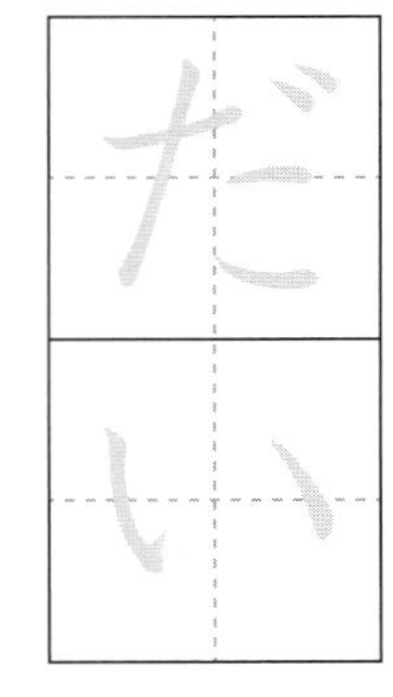

②まど

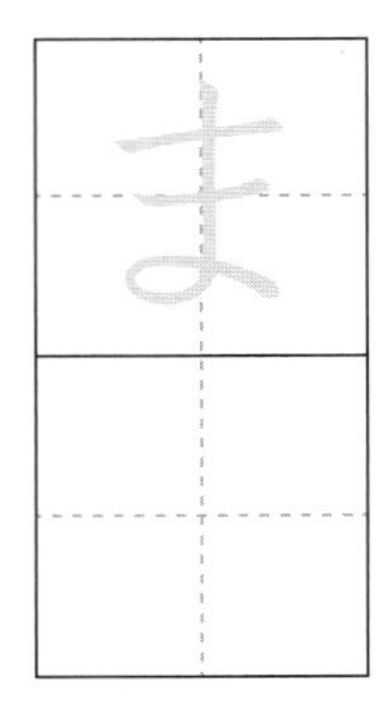

③でんわ

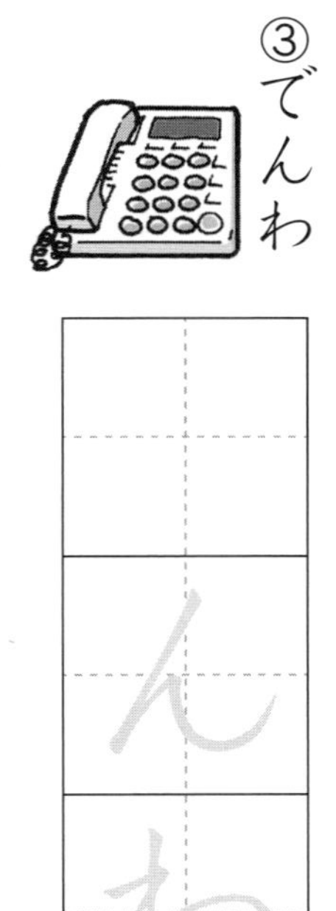

「ざじずぜぞ」「だぢづでど」を つかった ことばを、
ほかにも さがして みよう！

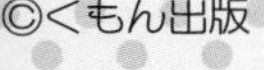

25 「゛」のつく ひらがな③

がつ　にち
なまえ
はじめ　じ　ふん
おわり　じ　ふん
かかった じかん　ふん
とくてん　てん

1 こえに だして、ぶんを よみましょう。
よんだら、□の ひらがなを なぞりましょう。　（ぜんぶ かいて 20てん）

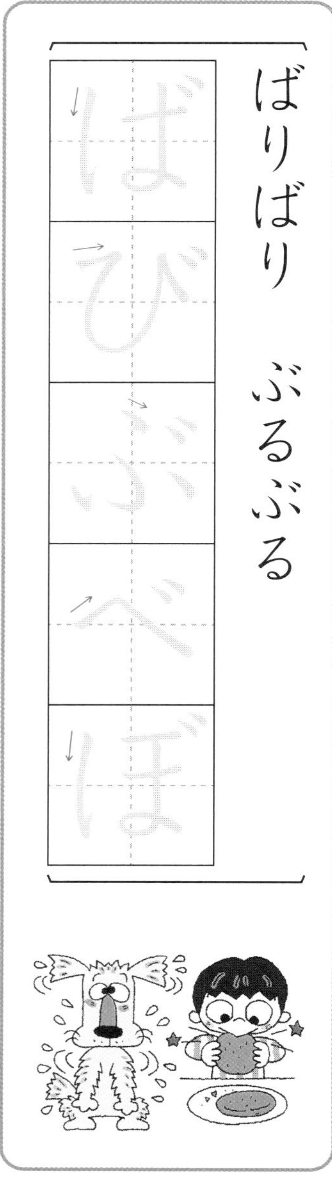

ばりばり　ぶるぶる

ば び ぶ べ ぼ

2 「ばびぶべぼ」を かきましょう。　（ぜんぶ かいて 20てん）

ば行（ぎょう）

ば び ぶ べ ぼ

3 えに あうように、□に ひらがなを かきましょう。　（ひとつ 5てん）

①ばね

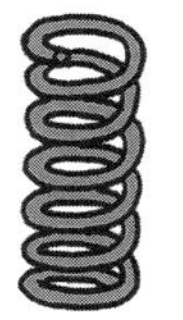

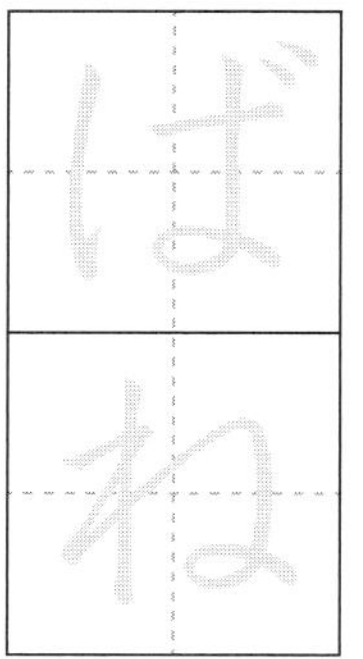

②びん

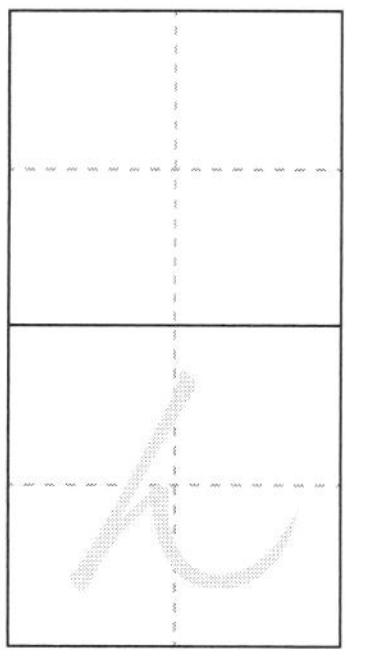

③ぶた

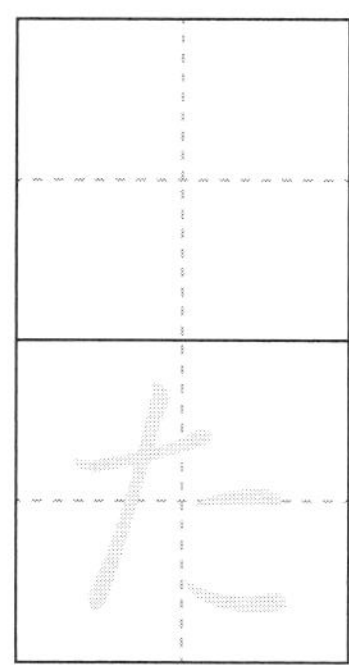

④かべ

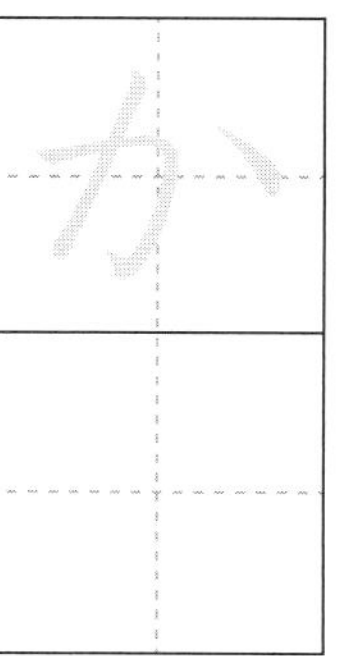

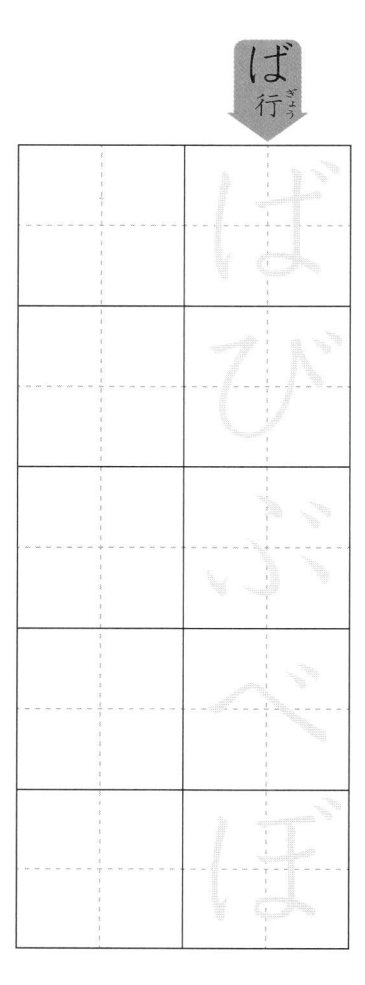

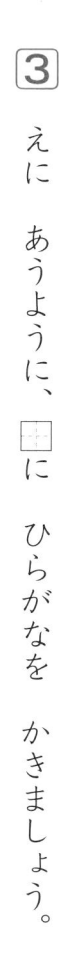

4 えに　あう　ことばを、◯で　かこみましょう。

（ひとつ　5てん）

スタート

① まど／まと

② こま／ごま

③ にし／にじ

④ めかね／めがね

⑤ くき／くぎ

⑥ はね／ばね

⑦ うさき／うさぎ

⑧ ふた／ぶた

ゴール

「かき」と　「かぎ」のように、「゛」が　あるか　ないかで、べつの　ことばに　なる　ことが　あるよ。

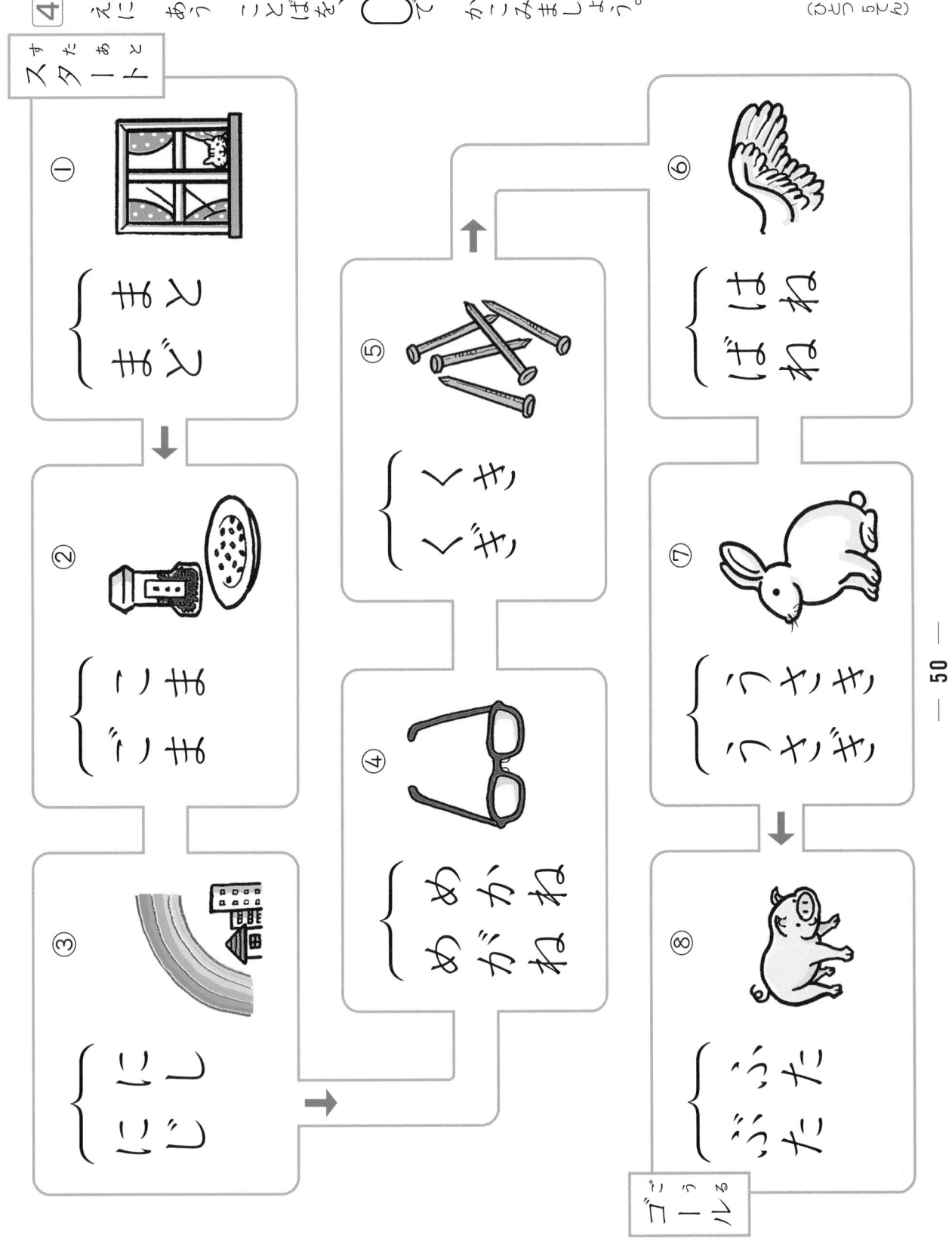

26 「。(まる)」の つく ひらがな

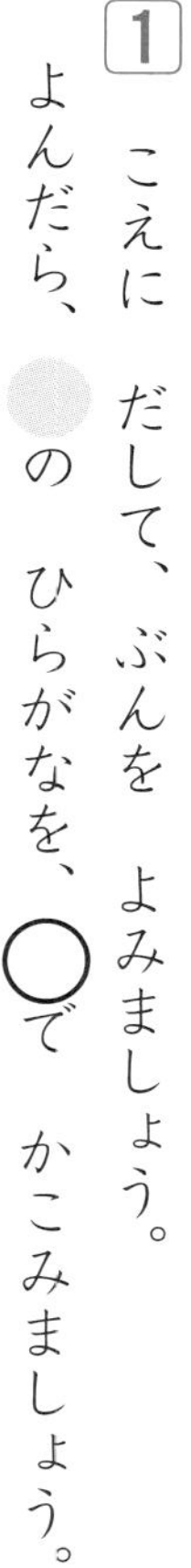

1 こえに だして、ぶんを よみましょう。
よんだら、●の ひらがなを、◯で かこみましょう。

(ぜんぶ かいて 20てん)

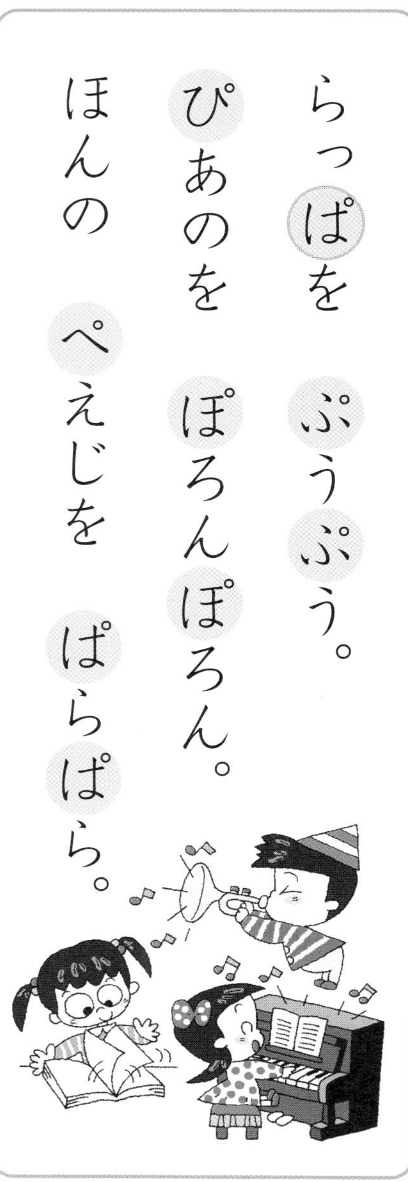

2 「。(まる)」の つく ひらがなを かきましょう。

(ぜんぶ かいて 20てん)

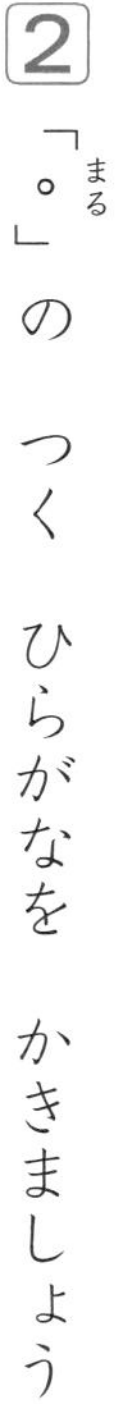

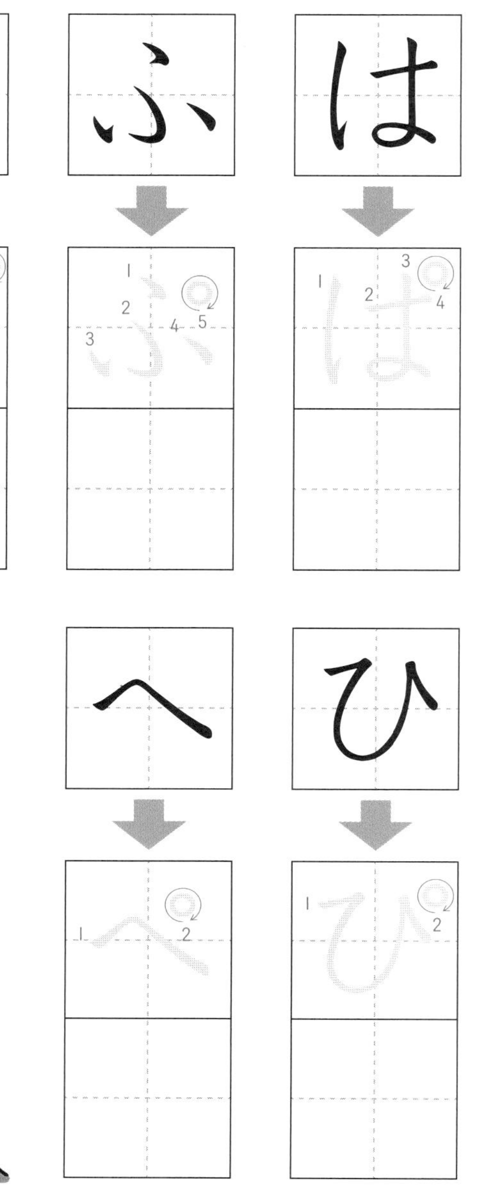

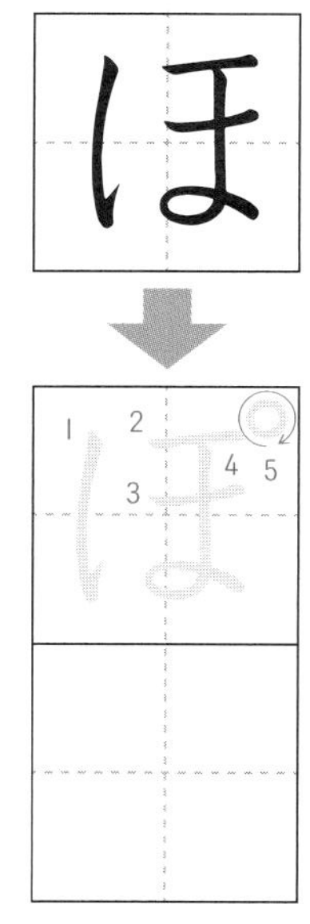

3 こえに だして、ぶんを よみましょう。
よんだら、□の ひらがなを なぞりましょう。

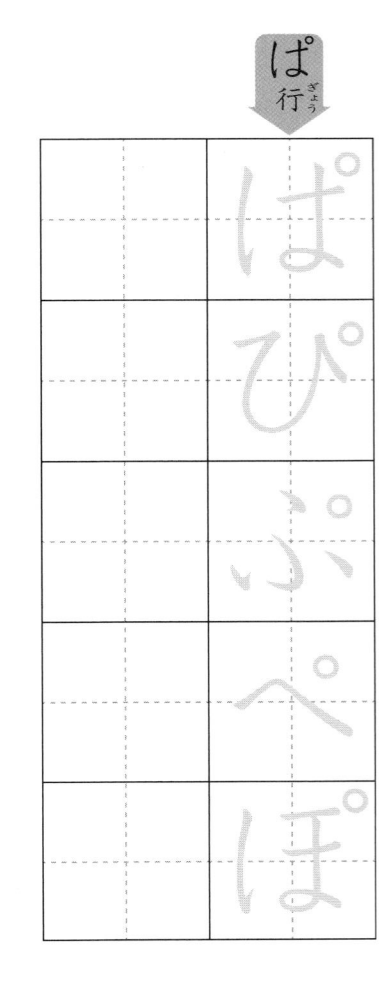

（ぜんぶ かいて 20てん）

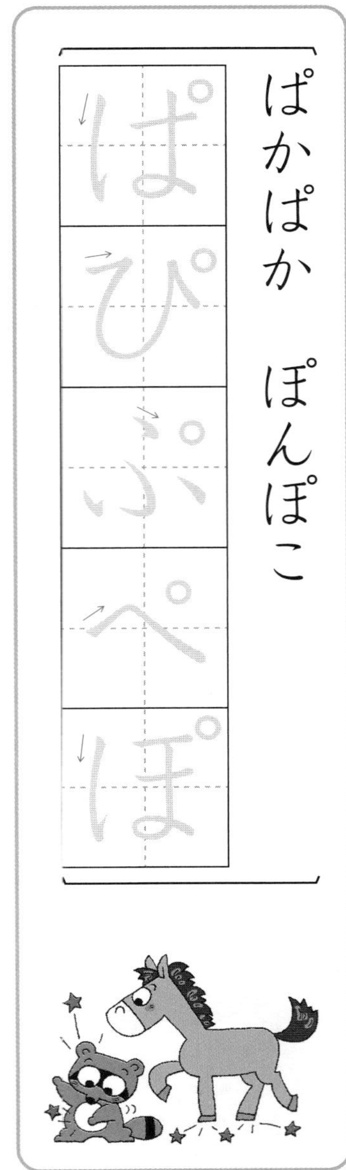

ぱかぱか ぽんぽこ

ぱ ぴ ぷ ぺ ぽ

4 「ぱぴぷぺぽ」を かきましょう。

（ぜんぶ かいて 20てん）

ぱ行（ぎょう）

ぱ ぴ ぷ ぺ ぽ

5 えに あうように、□に ひらがなを かきましょう。

（ひとつ 10てん）

①らっぱ

ら つ ぱ

②たんぽぽ

た ん

「。（まる）」の つく ひらがなは、「゛（てんてん）」の つく ひらがなと まちがえやすいので、きを つけよう！

27 のばす おんの ひらがな

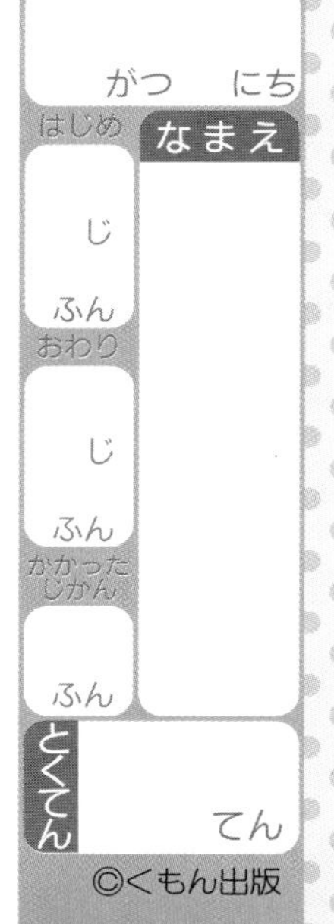

1 こえに だして、ぶんを よみましょう。
よんだら、（　）の ひらがなを、◯で かこみましょう。（ぜんぶ かいて 10てん）

ふうせん とばした
おとうと。
おとうさんが ながい
ぼうで とる。

2 えに あうように、□に ひらがなを かきましょう。（ひとつ 5てん）

① 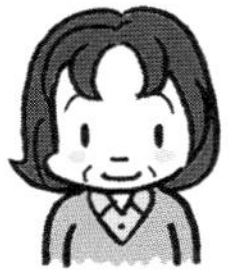
おばさん：お［ば］さん
おばあさん：お［ば］［あ］さん 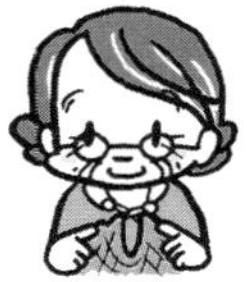

② 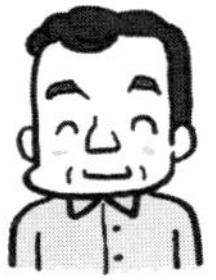
おじさん：お［じ］さん
おじいさん：お［じ］［い］さん

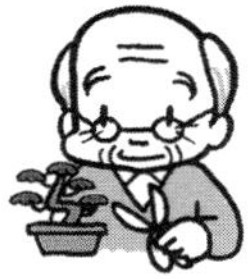

3 □に のばす おんの ひらがなを かきましょう。（ひとつ 10てん）

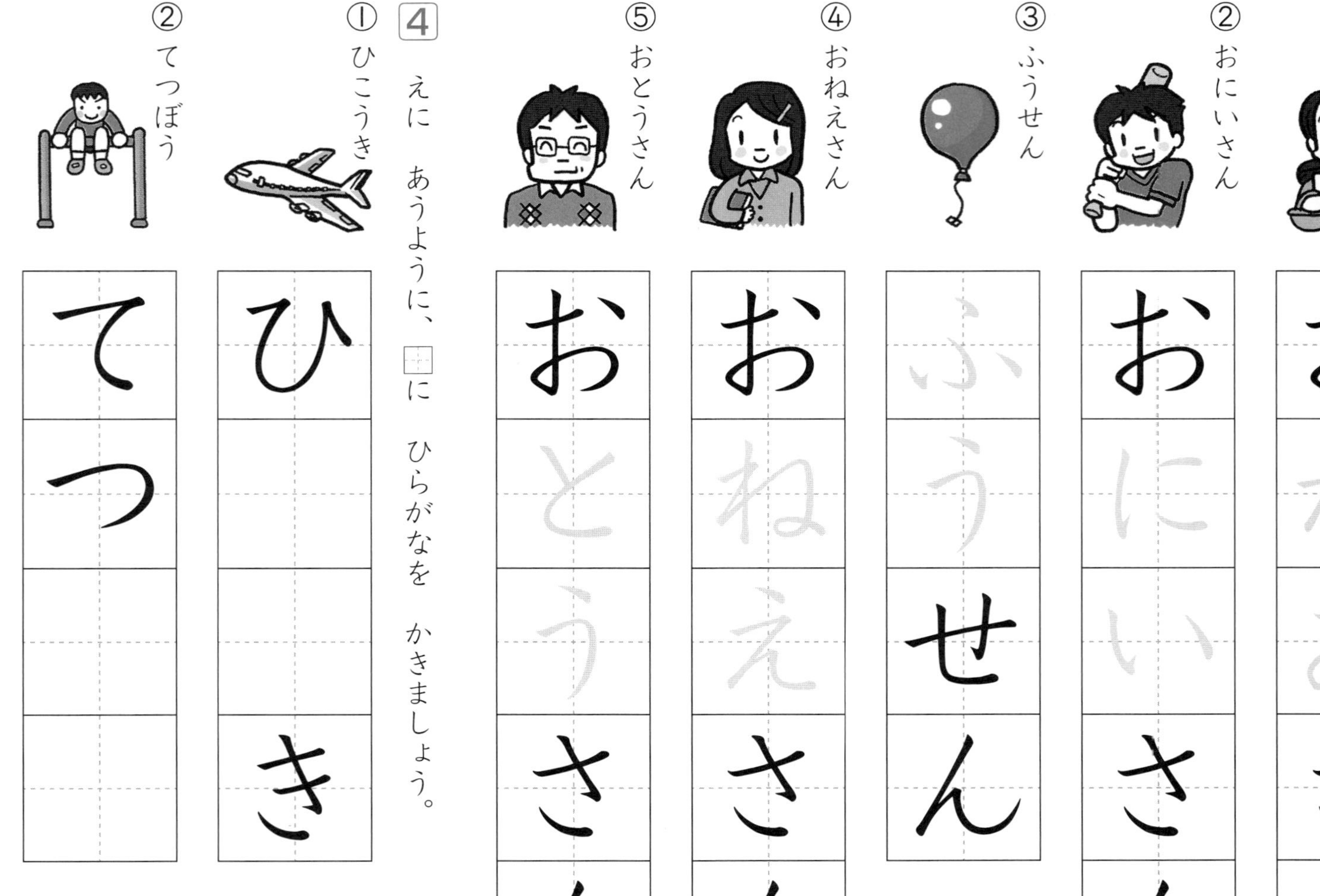

① おかあさん

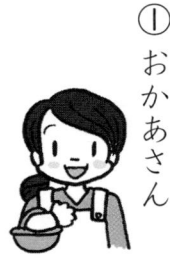

② おにいさん

③ ふうせん

④ おねえさん

⑤ おとうさん

4 えに あうように、□に ひらがなを かきましょう。（ひとつ 10てん）

① ひこうき

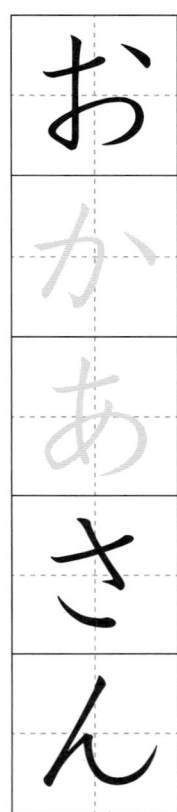

② てつぼう

「お」を のばした おんは、「おう」に なるよ。
「ひこおき」「てつぼお」と かかないように しよう。

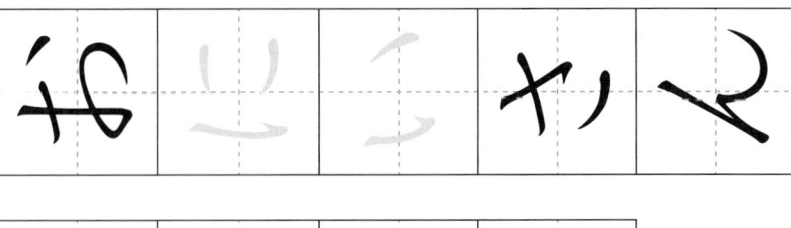

28 ちいさく かく ひらがな ❶

がつ　にち　なまえ
はじめ　じ　ふん　おわり　じ　ふん　かかった じかん　ふん　とくてん　てん

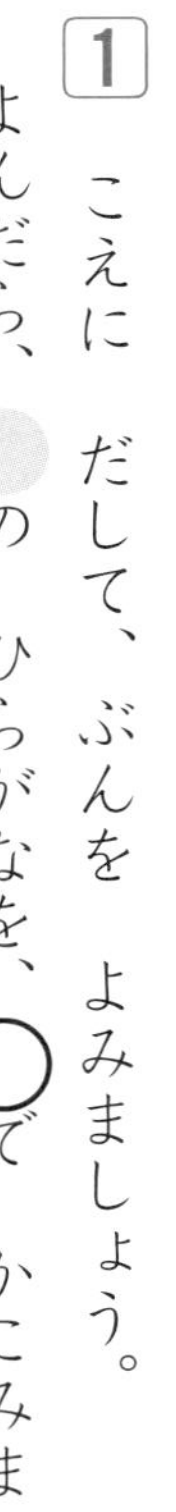

1 こえに だして、ぶんを よみましょう。
よんだら、●の ひらがなを、◯で かこみましょう。（ぜんぶ かいて 20てん）

こんにゃく　にゅるにゅる。
ちゃわんが　がちゃがちゃ。
りょうりが　じゅうじゅう。

2 ちいさく かく 「ゃ」「ゅ」「ょ」を かきましょう。（ぜんぶ かいて 30てん）

や　ゃ
ゆ　ゅ
よ　ょ

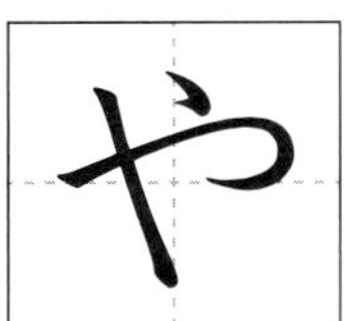

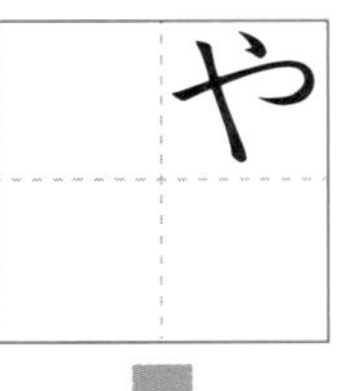

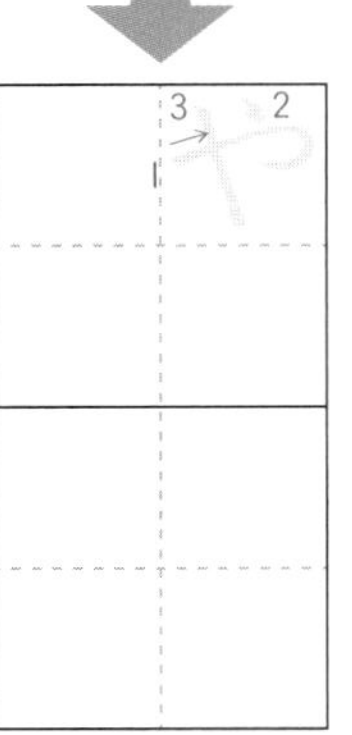

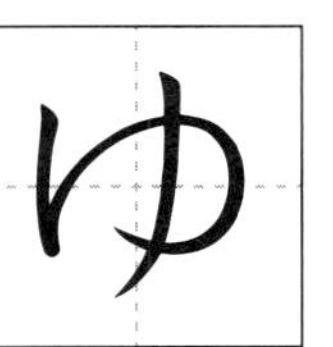

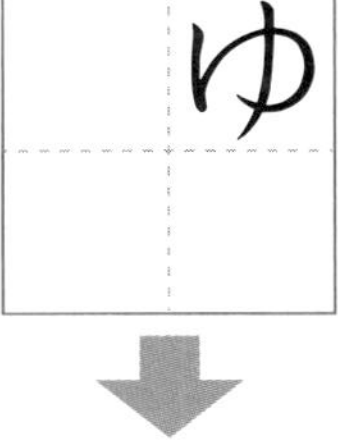

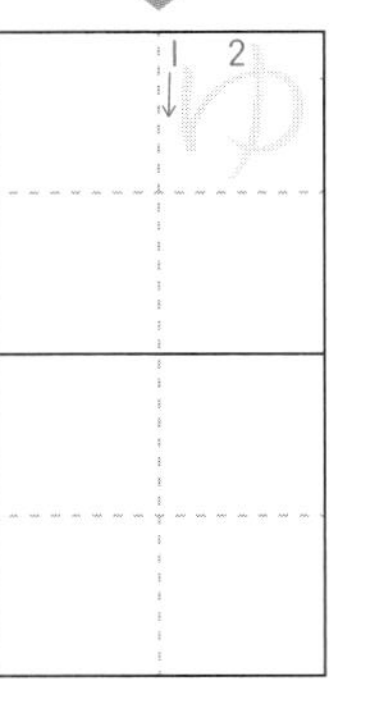

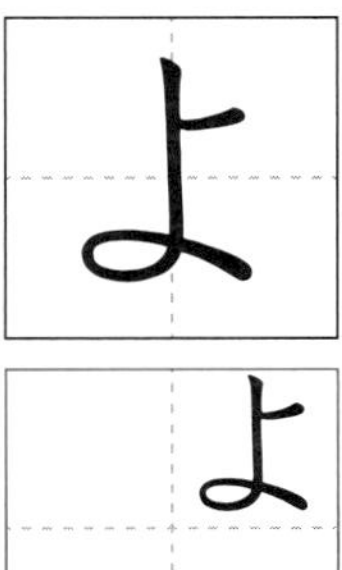

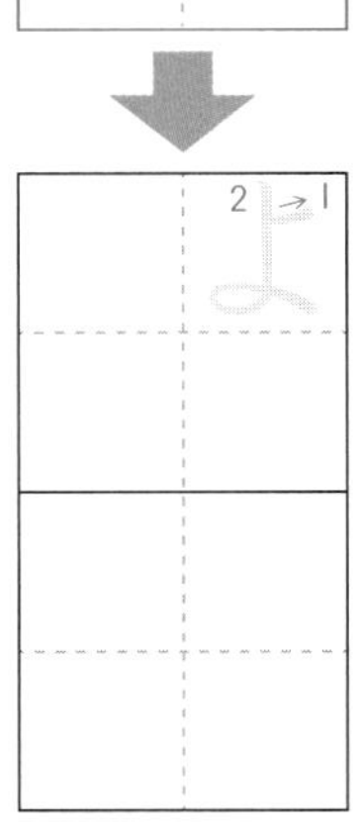

ちいさく かく
「ゃ」「ゅ」「ょ」は、
□の みぎうえに
かくよ！

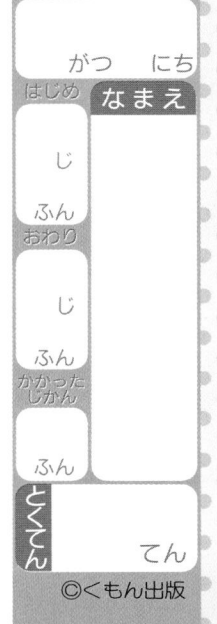

3 こえに だして、ぶんを よみましょう。
よんだら、□の ひらがなを なぞりましょう。

（ぜんぶ かいて 20てん）

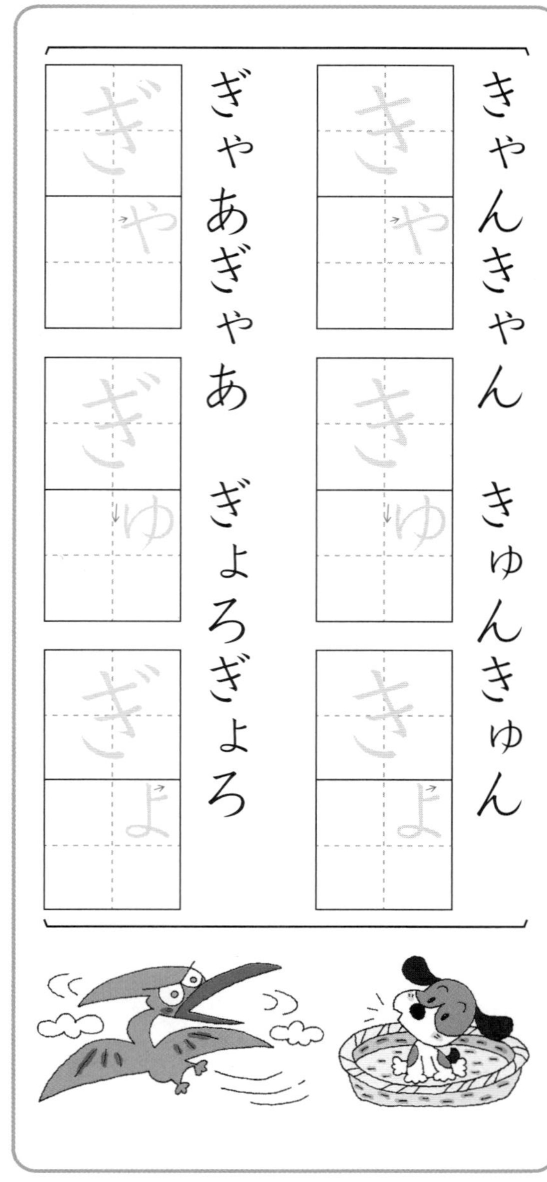

きゃんきゃん きゅんきゅん

ぎゃあぎゃあ ぎょろぎょろ

4 えに あうように、□に ひらがなを かきましょう。

（ひとつ 10てん）

① きゅうり

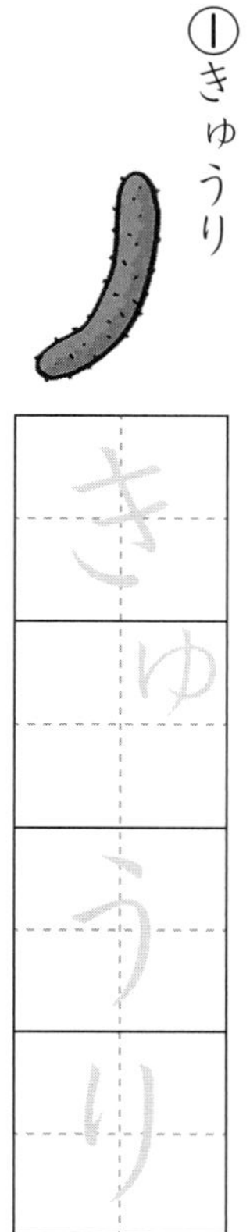

② きょうしつ

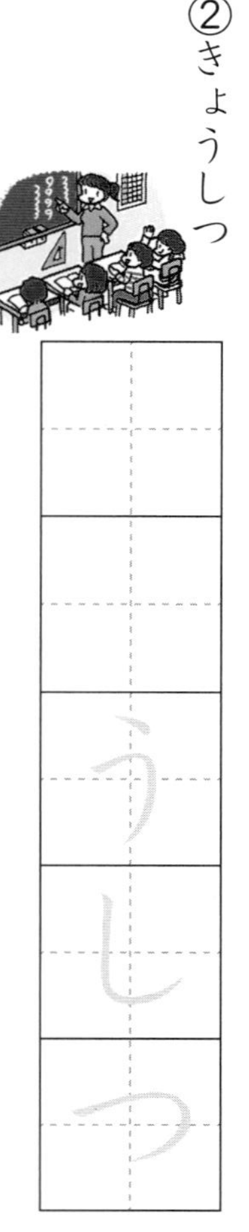

③ きんぎょ

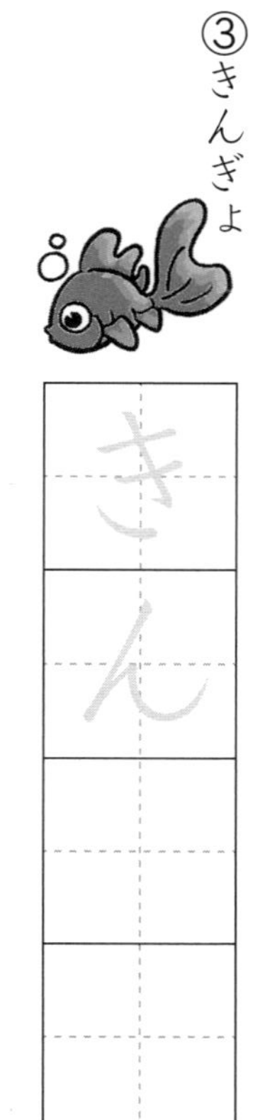

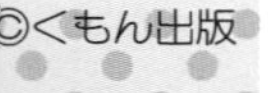

「きゃ、きゅ、きょ」「ぎゃ、ぎゅ、ぎょ」を ただしく よもう。
「や」「ゆ」「よ」は、ちいさく みぎうえに かこう。

29 ちいさく かく ひらがな❷

がつ　にち
なまえ
はじめ　じ　ふん
おわり　じ　ふん
かかった じかん　ふん
とくてん　てん

1　こえに だして、ぶんを よみましょう。
よんだら、□の ひらがなを なぞりましょう。（ぜんぶ かいて 10てん）

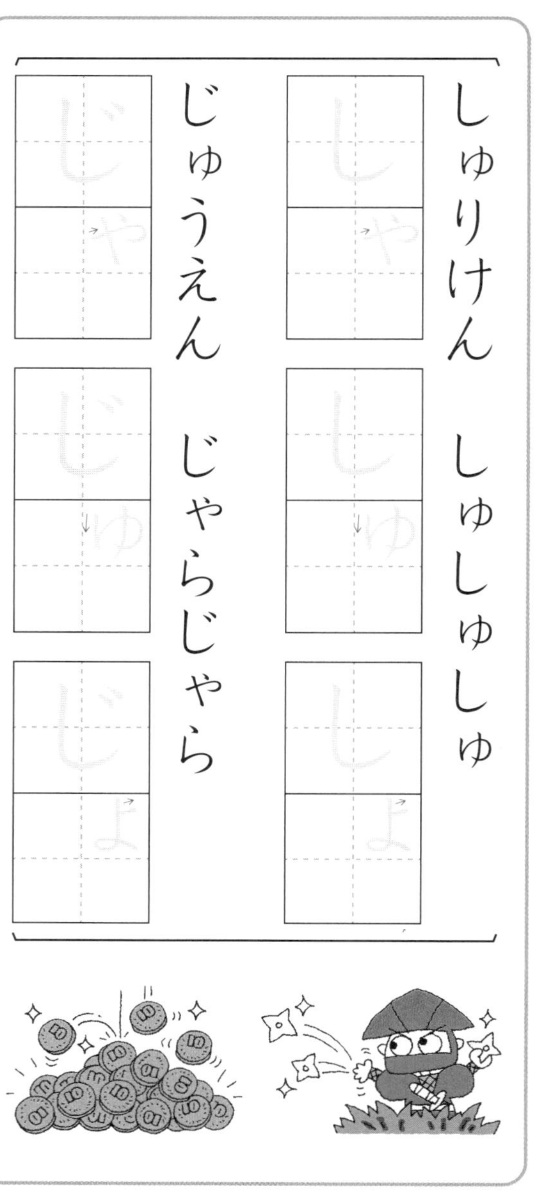

しゅりけん　しゅしゅしゅ
（しゅ）（しゅ）（しょ）

じゅうえん　じゃらじゃら
（じゃ）（じゅ）（じょ）

2　えに あうように、□に ひらがなを かきましょう。（ひとつ 10てん）

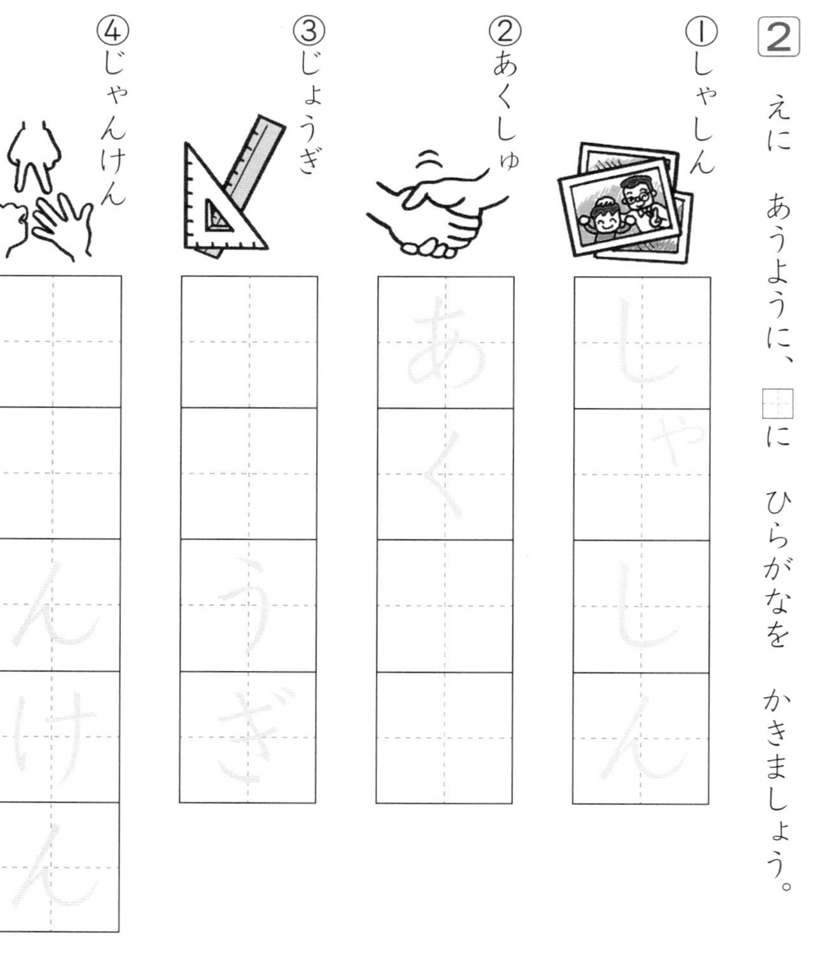

①しゃしん
②あくしゅ
③じょうぎ
④じゃんけん

3 こえに　だして、ぶんを　よみましょう。
よんだら、□の　ひらがなを　なぞりましょう。　(ぜんぶ かいて 10てん)

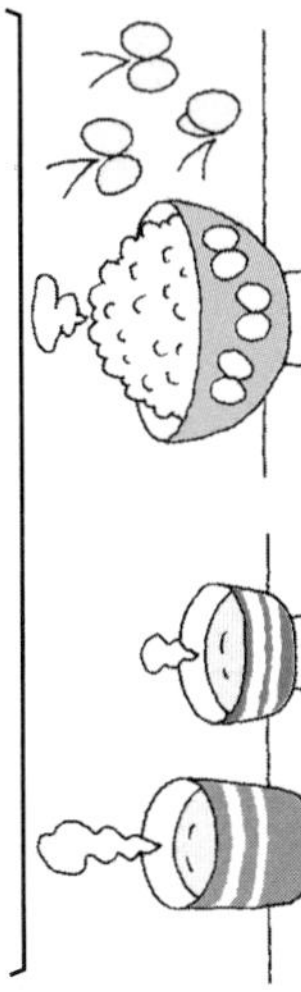

ちょうちょの　ちゃわん

ちゃ　ちゅ　ちょ

ゆのみぢゃわん　ちゃのみぢゃわん

ぢゃ　ぢゅ　ぢょ

4 えに　あうように、□に　ひらがなを　かきましょう。　(ひとつ 10てん)

①おもちゃ

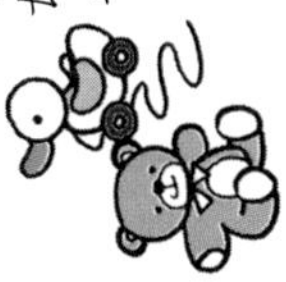

お も ち ゃ

②ちゅうしゃき

う し ゃ き

③ゆのみぢゃわん

ゆ の み わ ん

④ほうちょう

ほ う う

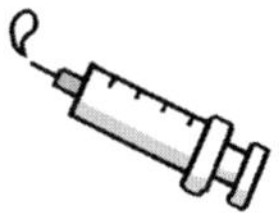

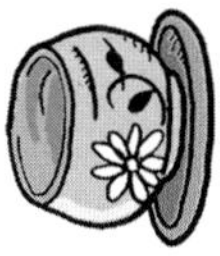

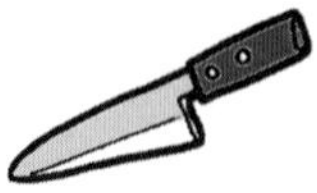

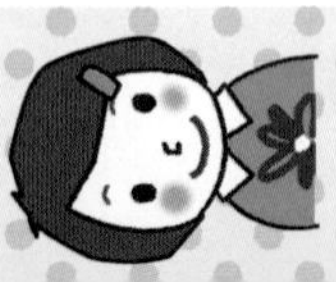

ふつう、「じゃ、じゅ、じょ」を　つかうので、「ぢゃ、ぢゅ、ぢょ」は、あまり　つかわれないよ。

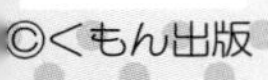

30 ちいさく かく ひらがな③

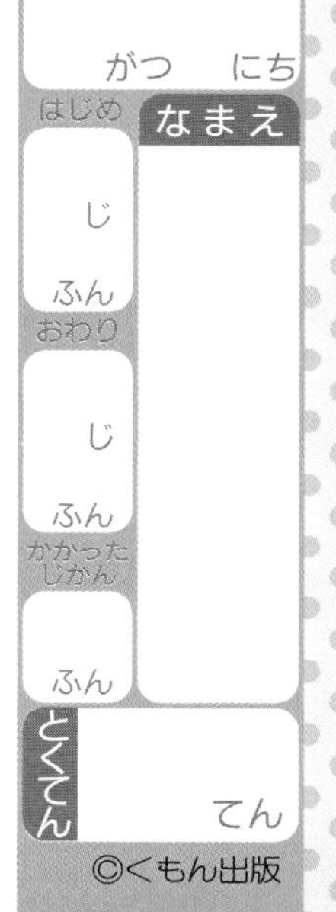

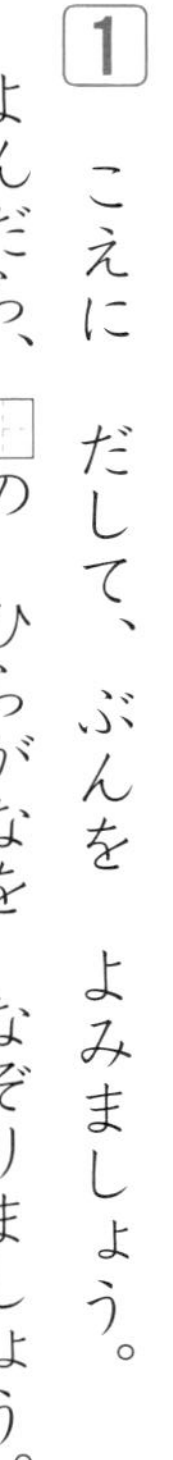

1 こえに だして、ぶんを よみましょう。
よんだら、□の ひらがなを なぞりましょう。　（ぜんぶ かいて 10てん）

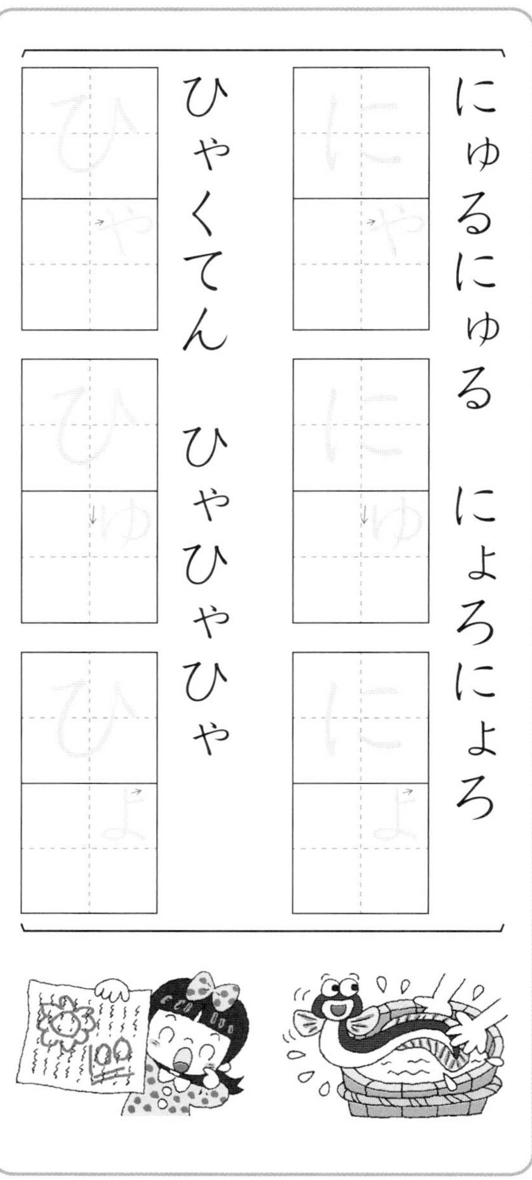

2 えに あうように、□に ひらがなを かきましょう。　（ひとつ 10てん）

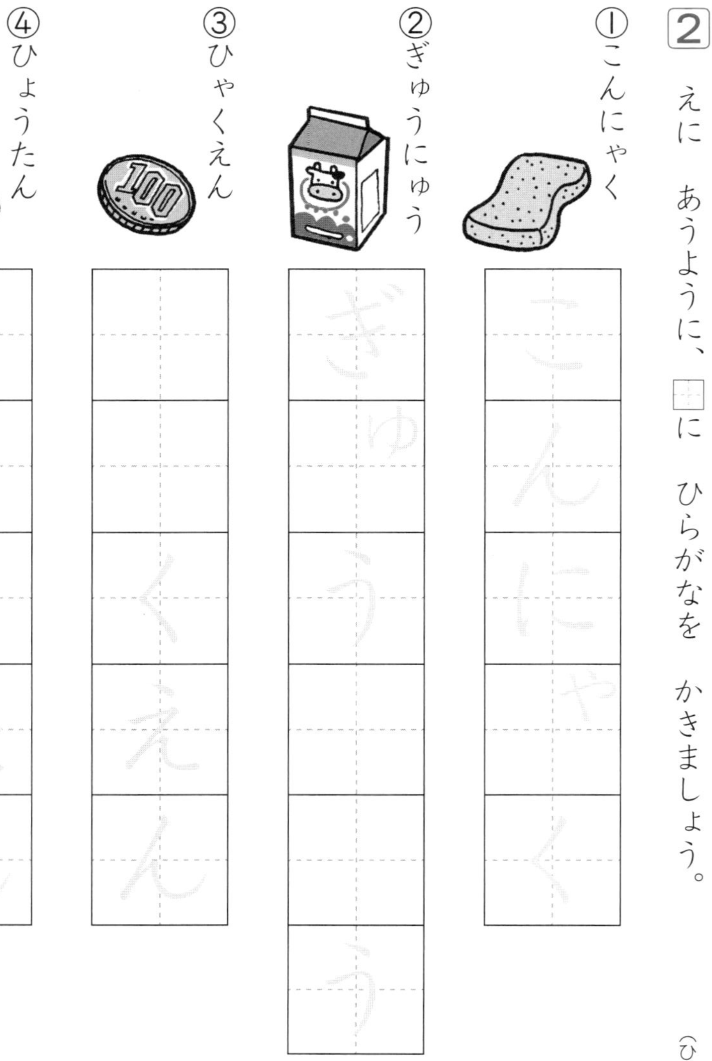

3 こえに だして、ぶんを よみましょう。
よんだら、□の ひらがなを なぞりましょう。 （ぜんぶ かいて 20てん）

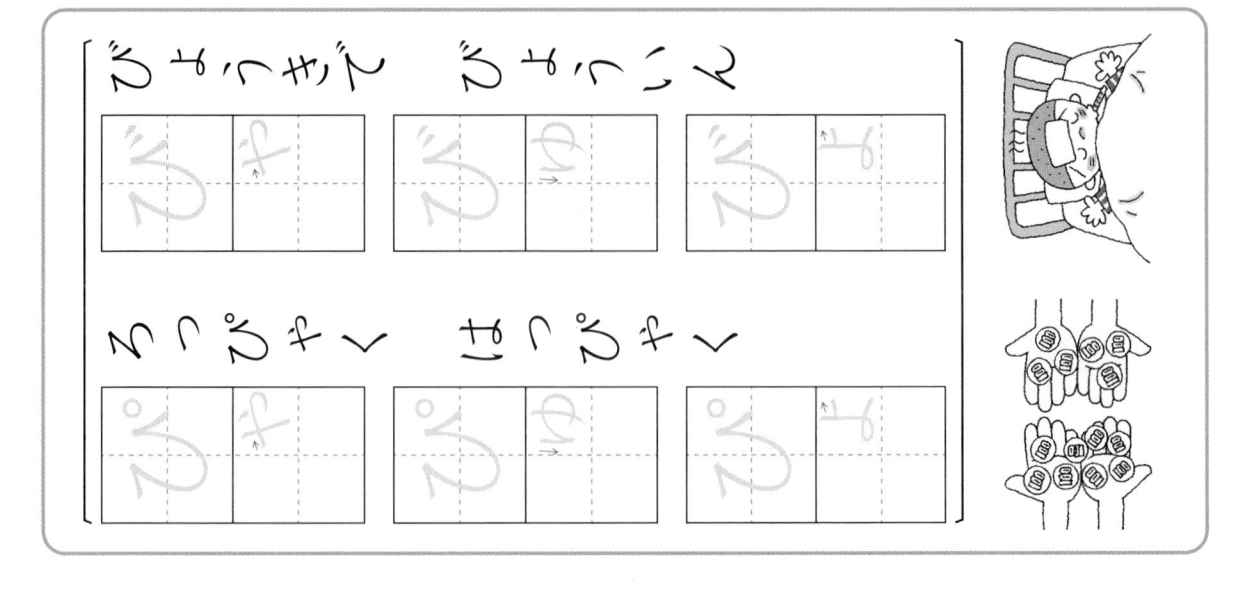

びょうきで びょういん

びゃ　びゅ　びょ

ろっぴゃく はっぴゃく

ぴゃ　ぴゅ　ぴょ

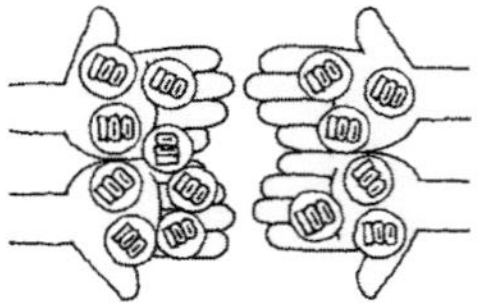

4 えに あうように、□に ひらがなを かきましょう。 （ひとつ 10てん）

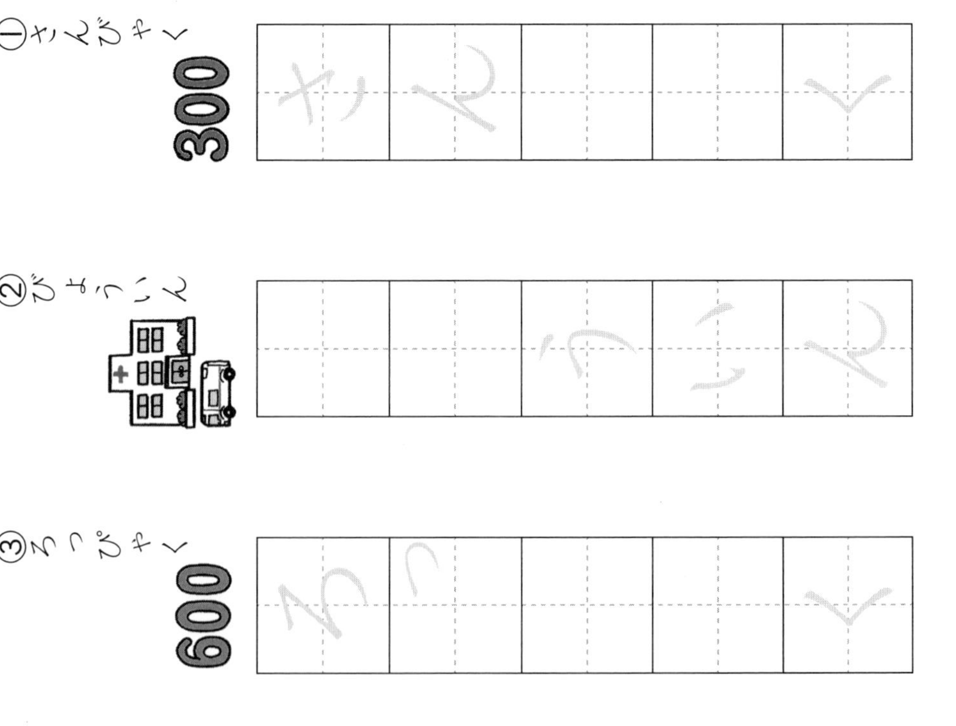

①さんびゃく 300

②びょういん

③ろっぴゃく 600

「ひゃ、ひゅ、ひょ」「びゃ、びゅ、びょ」「ぴゃ、ぴゅ、ぴょ」の よみかた、かきかたを おぼえよう！

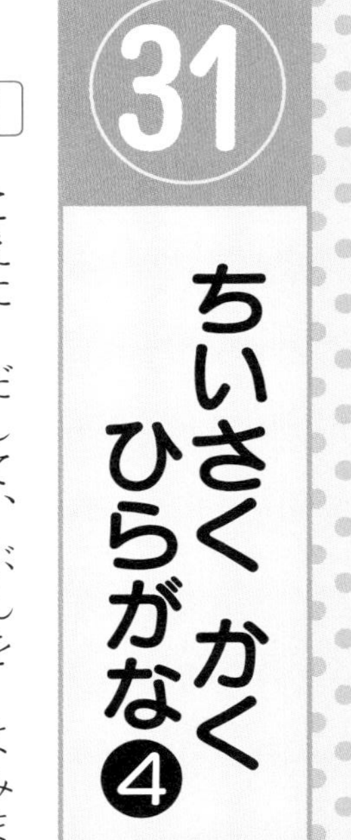

31 ちいさく かく ひらがな④

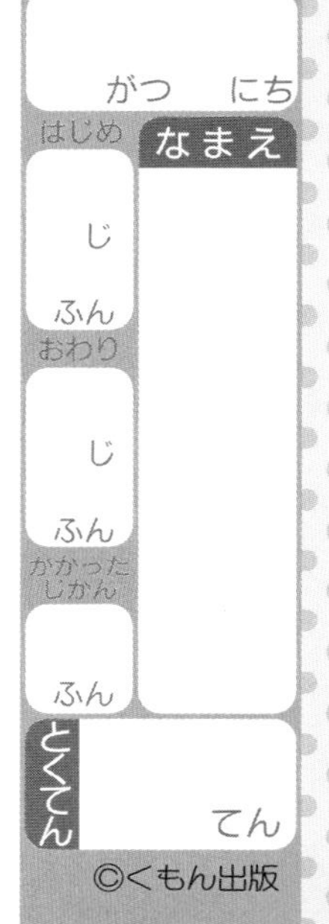

がつ　にち　なまえ
はじめ　じ　ふん　おわり　じ　ふん　かかった じかん　ふん　とくてん　てん

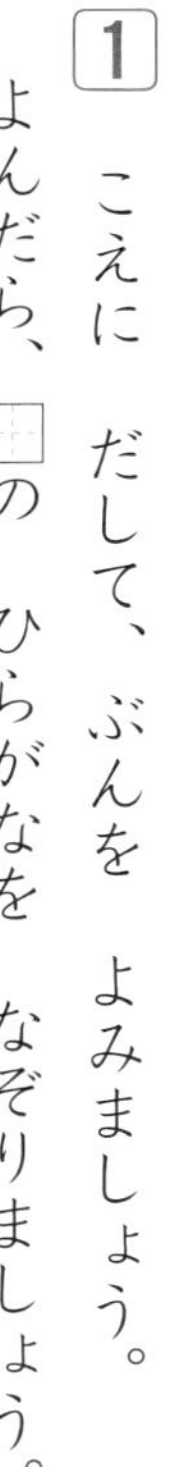

1 こえに だして、ぶんを よみましょう。
よんだら、□の ひらがなを なぞりましょう。（ぜんぶ かいて 20てん）

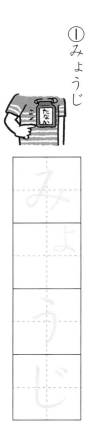

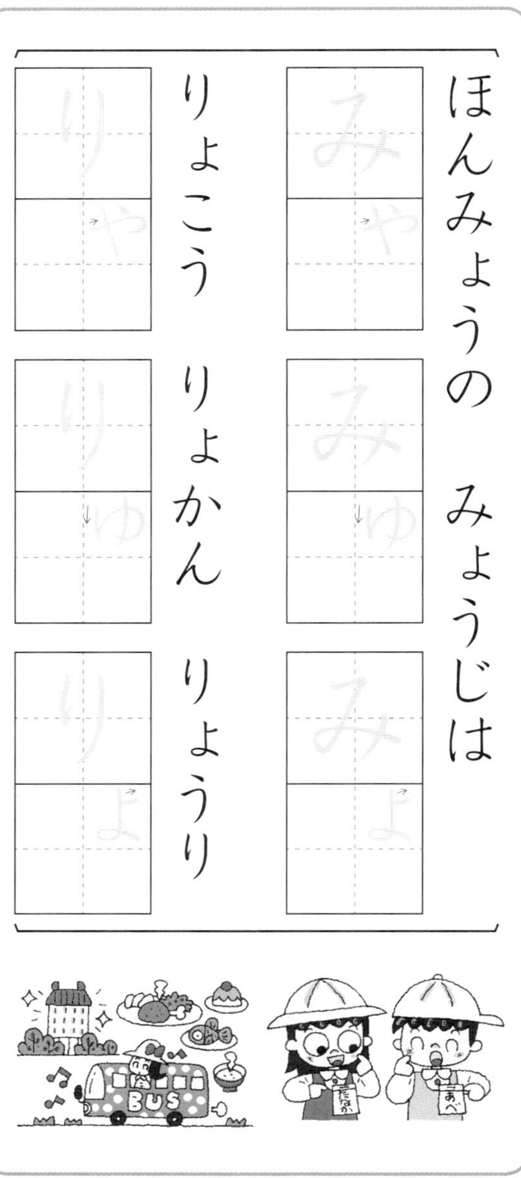

ほんみょうの　みょうじは
りょこう　りょかん　りょうり

2 えに あうように、□に ひらがなを かきましょう。（ひとつ 10てん）

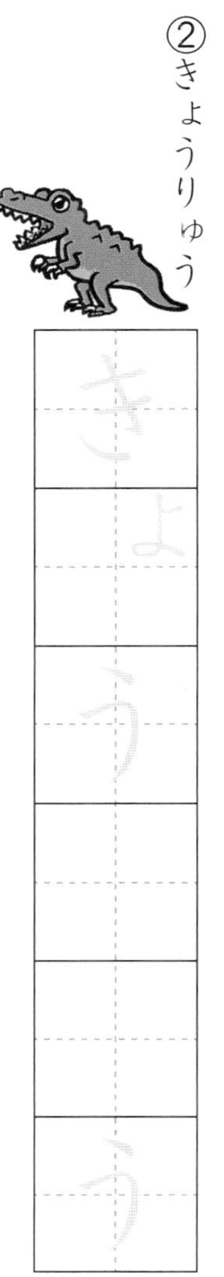

① みょうじ
② きょうりゅう

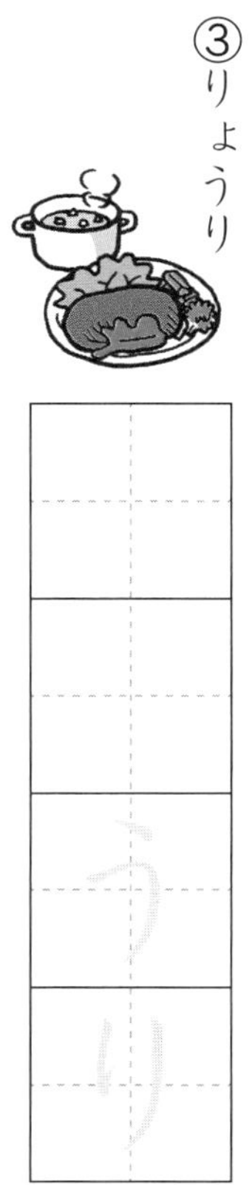

③ りょうり

3 こえに だして、ぶんを よみましょう。よんだら、● の ひらがなを、◯で かこみましょう。（ぜんぶ かいて 20てん）

きっぷ かって、
でんしゃ のった。
はらっぱ いって、
ばった とった。

4 ちいさく かく 「っ」を かきましょう。（ぜんぶ かいて 10てん）

つ つ → っ

ちいさく
かく「っ」も
みぎうえに
かくよ。

5 えに あうように、□に ひらがなを かきましょう。（ひとつ 5てん）

①きっぷ

②きって

③しっぽ

④がっき

ちいさく かく 「ゃ」「ゅ」「ょ」、ちいさく かく 「っ」を
つかった ことばを さがして みよう。

32 かくにんドリル（どりる）❷

がつ　にち
なまえ
はじめ　じ　ふん
おわり　じ　ふん
かかった じかん　ふん
とくてん　てん

1　えに　あう　ことばを、□に　かきましょう。　（ひとつ　4てん）

2 えに　あう　ことばを、□に　かきましょう。

（ひとつ　8てん）

①ぞう

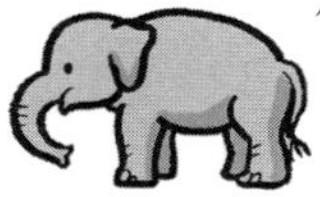

②きっぷ

③ぶた

④らっぱ

⑤たんぽぽ

⑥おばあさん

⑦ちゅうしゃき

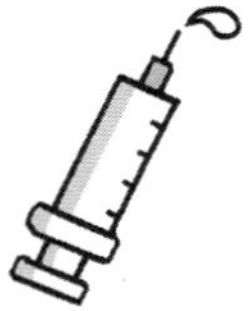

⑧きょうりゅう

「゛（てんてん）」や　「゜（まる）」の　つく　ひらがな、ちいさく　かく　ひらがな、のばす　おんの　ひらがなに　きを　つけて　かこう。

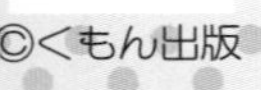

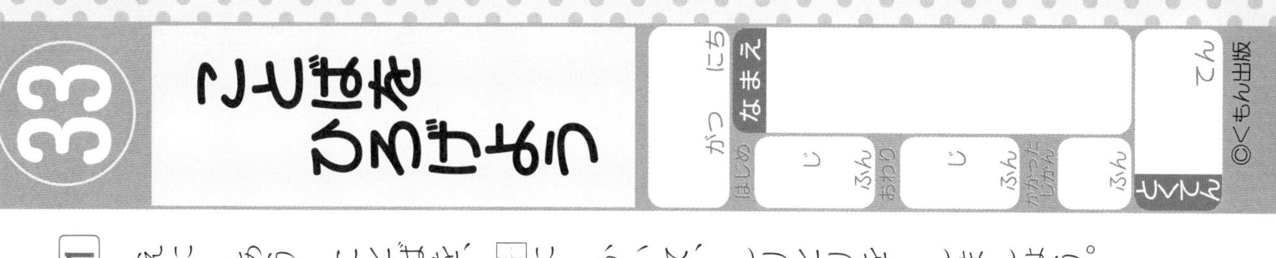

33 ことばを ひろげよう

がつ　にち

なまえ

はじめ　じ　ふん

おわり　じ　ふん

かかった じかん　ふん

とくてん　てん

1　えに　あう　ことばを、□に　かいて、しりとりを　しましょう。

（ひとつ　10てん）

①
ひ□□き

②
き□て□

③
て□□

④
み□□じ

⑤
□□□ぎ

⑥
□□□に□□

⑦
□んど□□つ

ことばの　おわりの　じが、
つぎの　ことばの
はじめの　じに　なるよ。

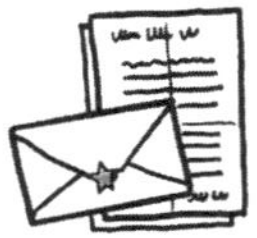

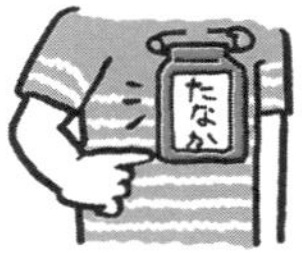

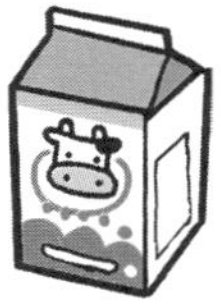

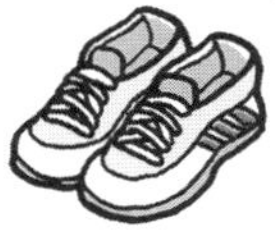

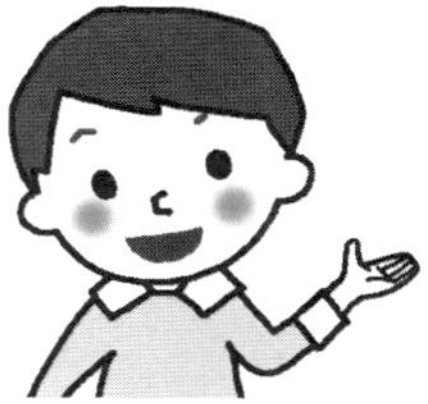

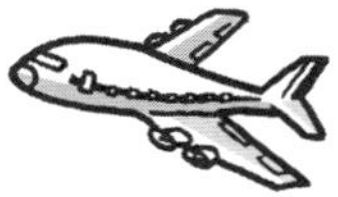

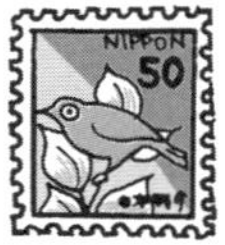

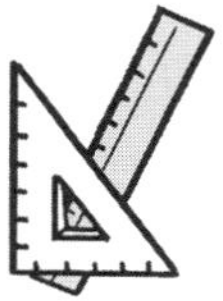

2 たてと　よこの　ことばが　➡の　えに　あうように、
□に　ひらがなを　かきましょう。

（①〜③は ぜんぶ できて ひとつ 10てん）

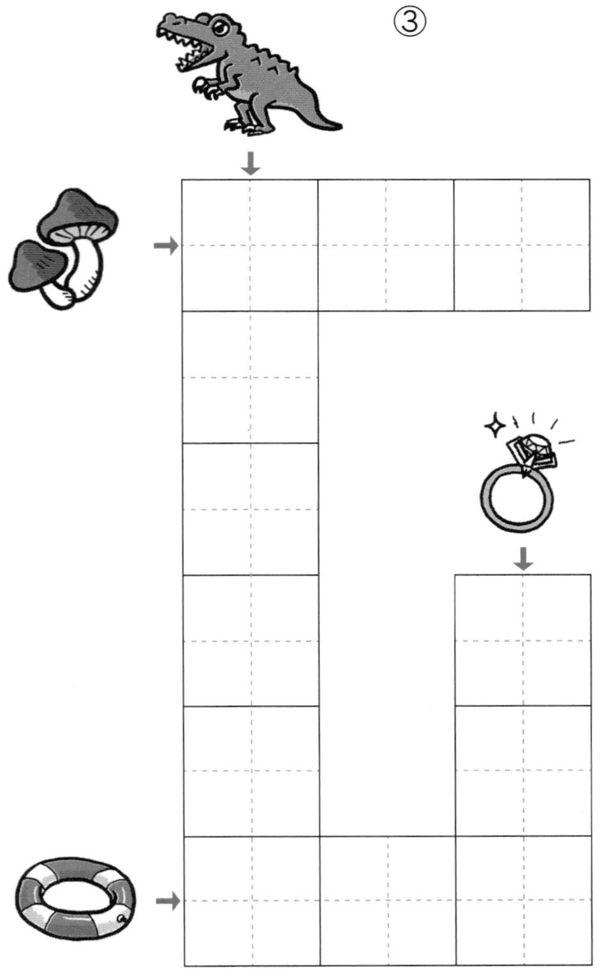

2では、わかる　ことばから　さきに　かいて　いこう。のこった　ことばが　わかりやすく　なるよ。

34 ひらがなの ことばと ぶん ❶

がつ にち　なまえ
はじめ じ ふん　おわり じ ふん　かかった じかん ふん　とくてん てん

1 えを みて、□に ようすを あらわす ◯の ことばを かきましょう。
（ひとつ 10てん）

①

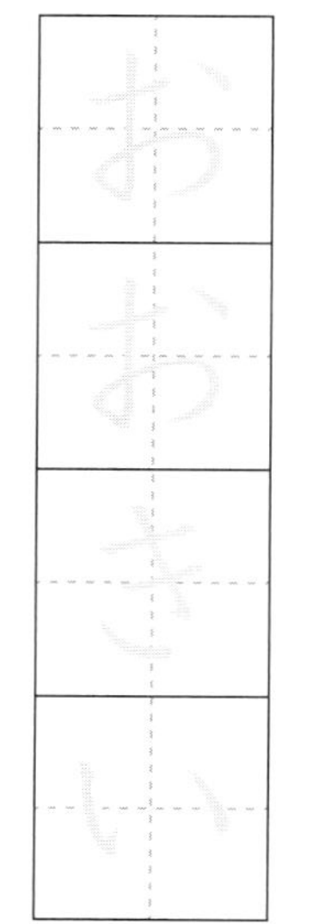

（おおきい） はこ

□□□□ はこ

②

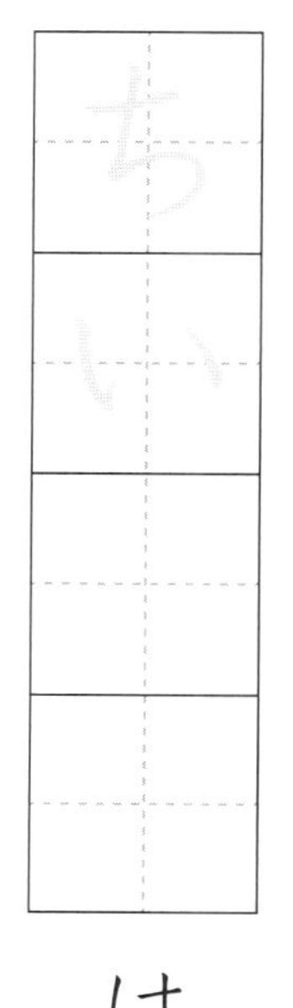

（ちいさい） はこ

□□□□ はこ

③

（つよい） ちから

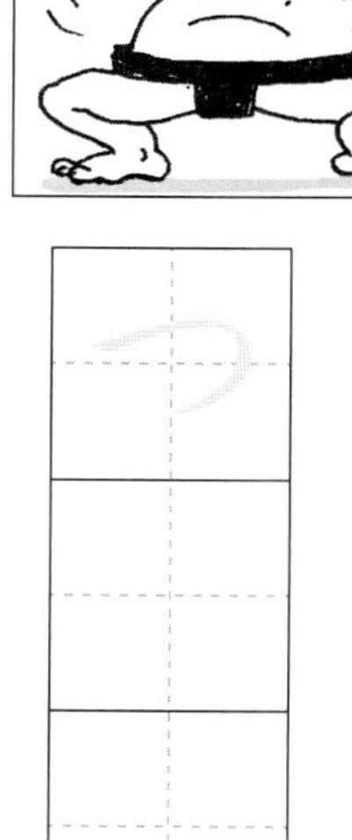

□□□ ちから

④

（よわい） ちから

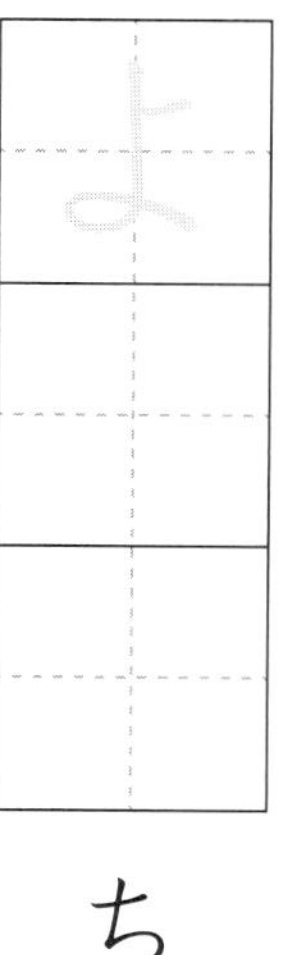

□□□ ちから

2 えを みて、□に うごきを あらわす □の ことばを かきましょう。

（ひとつ 15てん）

①

いぬが はしる。

いぬが はしる。

②

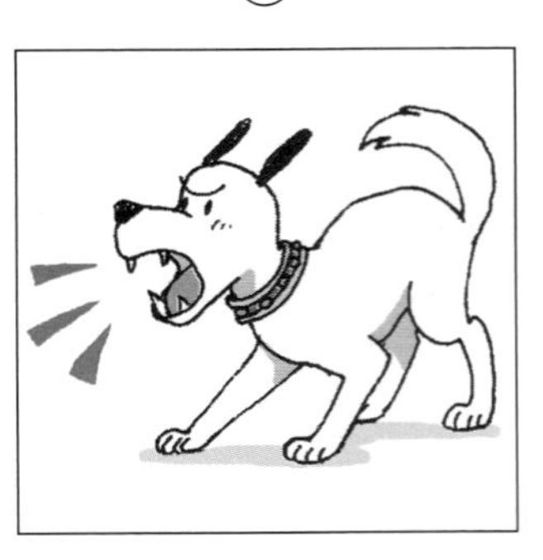

いぬが ほえる。

いぬが ほ□□。

③

ねこが あるく。

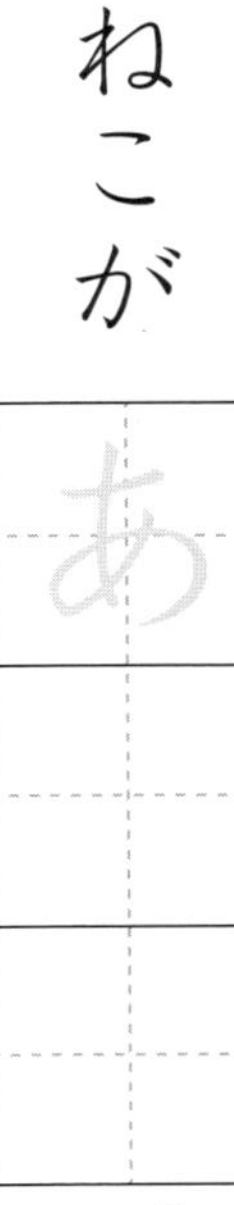

ねこが あ□□。

④

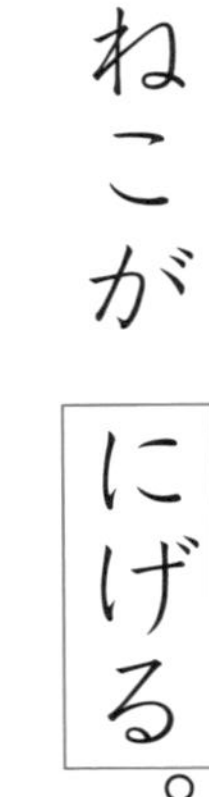

ねこが にげる。

ねこが に□□。

1は、「どんな」に あたる ことばだよ。
2は、「どう する」に あたる ことばだよ。

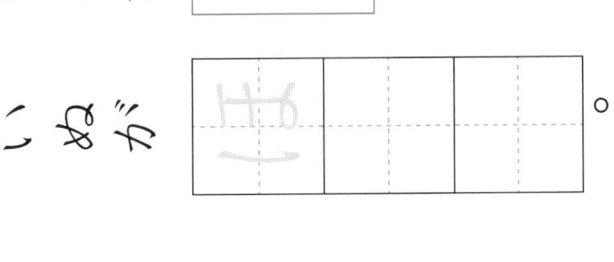

35 ひらがなの ことばと ぶん❷

がつ　にち　なまえ
はじめ　じ　ふん　おわり　じ　ふん　かかった じかん　ふん　とくてん　てん

1 えを　みて、□に　ようすを　あらわす　ことばを　かきましょう。（ひとつ　10てん）

①

おおきい　ぞう

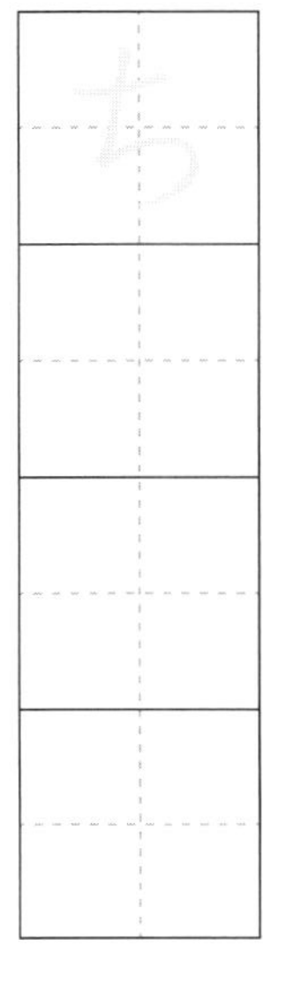
（お）　ぞう

②

ちいさい　あり

（ち）　あり

③

つよい　からす

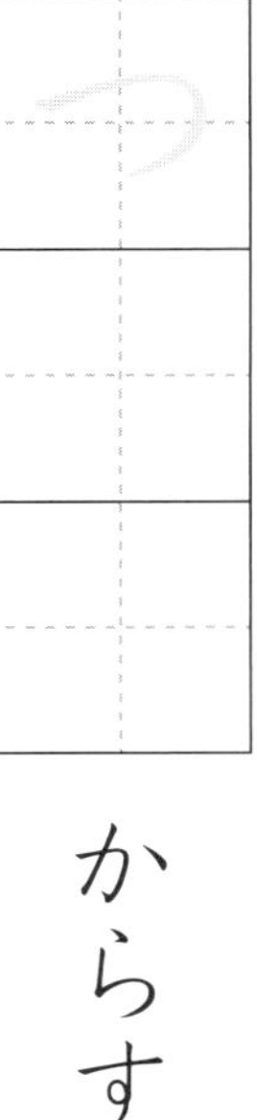
（つ）　からす

④

よわい　すずめ

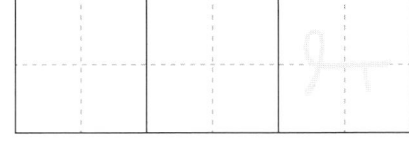

（よ）　すずめ

2 えに　あう、ようすを　あらわす　ことばを　（　）から　えらんで、□に　かきましょう。　（ひとつ　15てん）

おおきい ↔ ちいさい

①

からだ

②

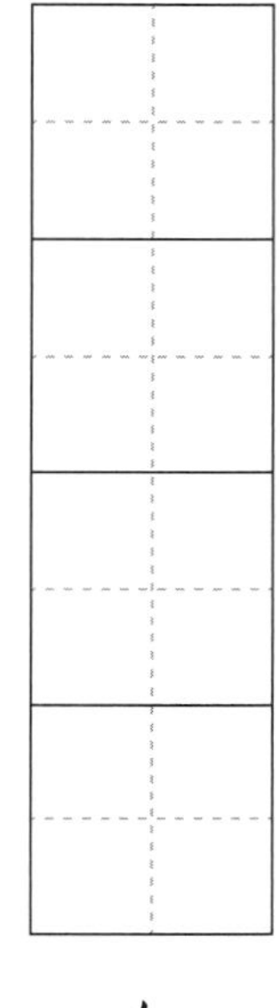
からだ

つよい ↔ よわい

③

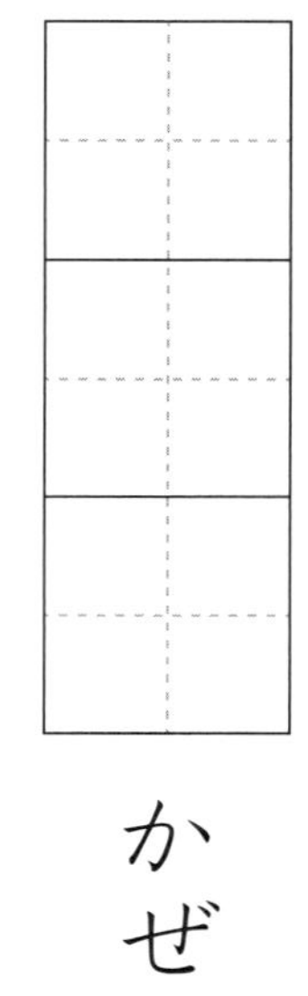
かぜ

④

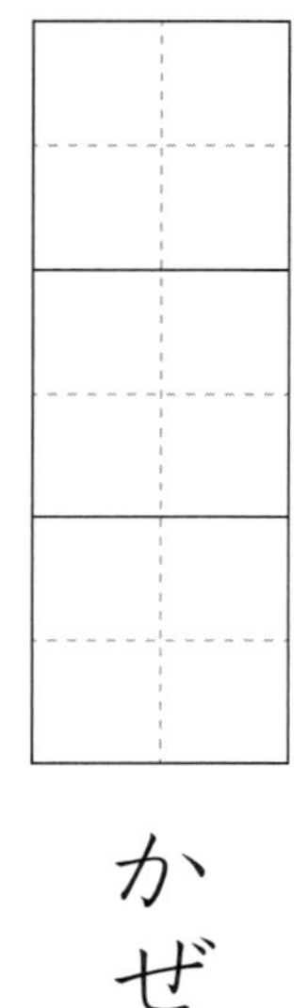
かぜ

「おおきい」と「ちいさい」、「つよい」と「よわい」は、それぞれ　はんたいの　いみを　あらわす　ことばだよ。

36 ひらがなの ことばと ぶん③

がつ　にち　なまえ

はじめ　じ　ふん　おわり　じ　ふん　かかった じかん　ふん　とくてん　てん

1 えを みて、□に うごきを あらわす ことばを かきましょう。

（ひとつ 10てん）

①

うまが はしる。

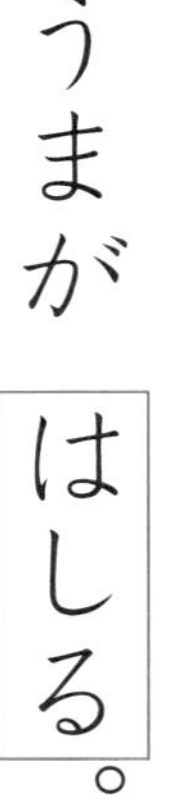

うまが □□□。

②

とらが ほえる。

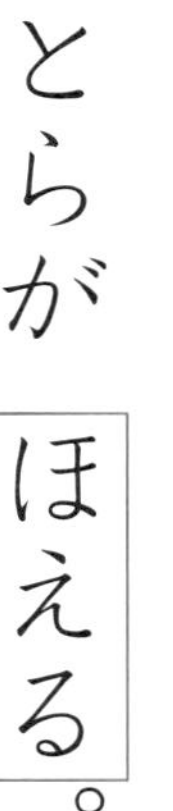

とらが □□□。

③

らくだが あるく。

らくだが □□□。

④

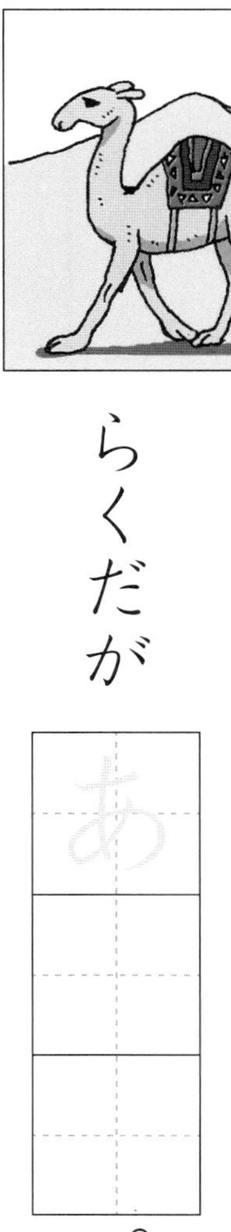

うさぎが にげる。

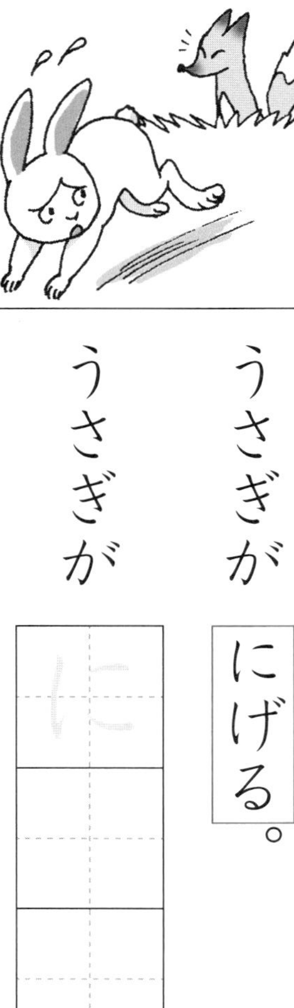

うさぎが □□□。

2 えに　あう、うごきを　あらわす　ことばを　□から　えらんで、
に　かきましょう。（ひとつ　15てん）

はしる　・　ほえる

①

いのししが 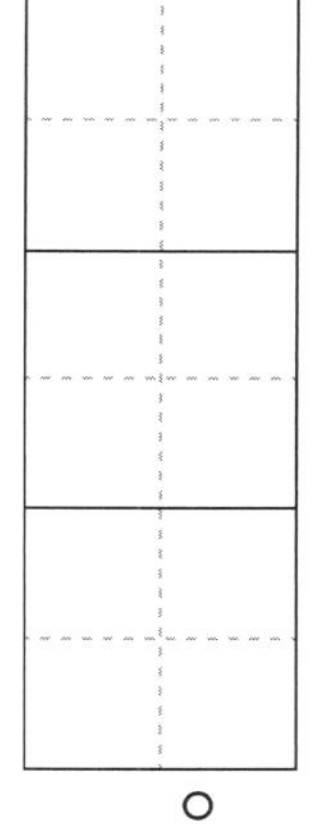。

②

おおかみが 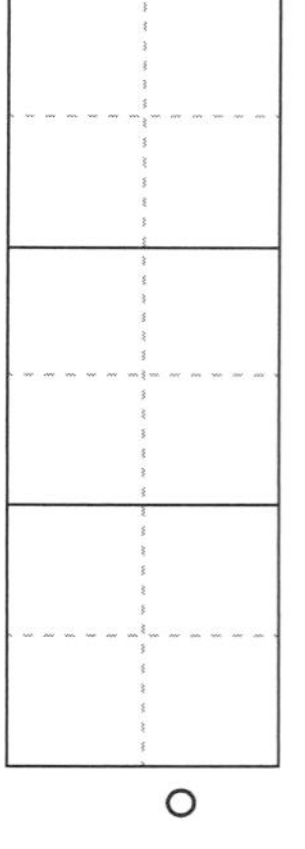。

あるく　・　にげる

③

かめが 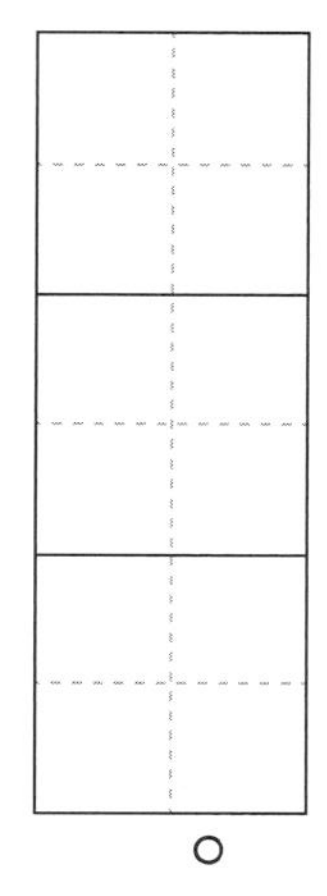。

④

さるが 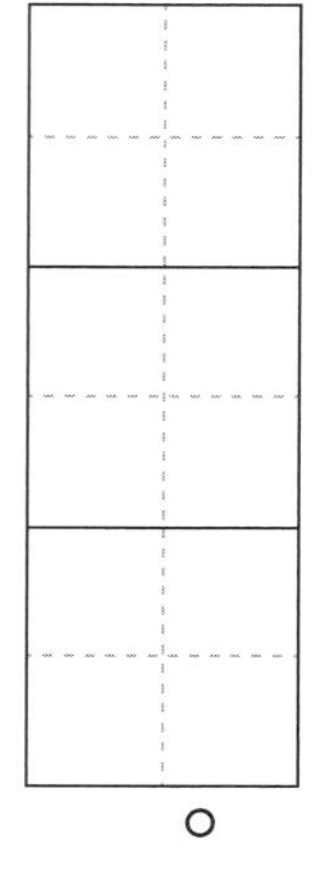。

それぞれ、どんな　うごきを　あらわして　いるかな？
ちがいを　はっきりさせよう。

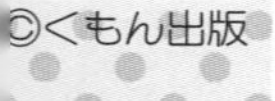

37 ひらがなの ことばと ぶん④

がつ にち　なまえ
はじめ じ ふん　おわり じ ふん　かかった じかん ふん　とくてん てん

1 えを みて、□に ようすを あらわす ことばを かきましょう。（ひとつ 10てん）

①

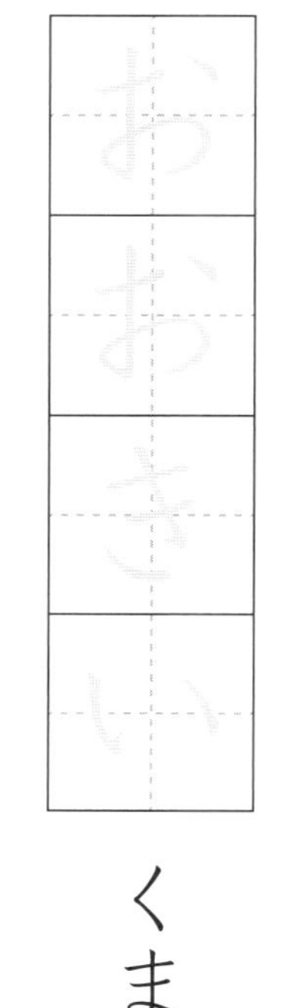

くま

②

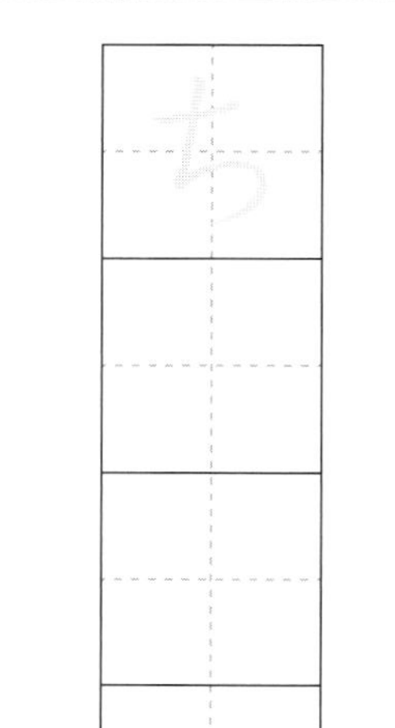

ねこ

③

とら

④

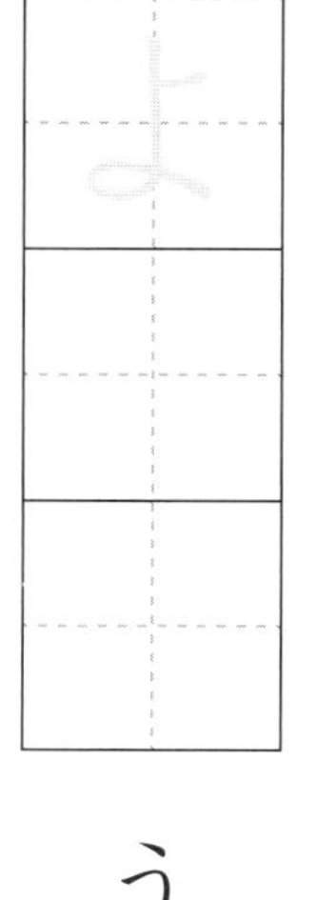

うさぎ

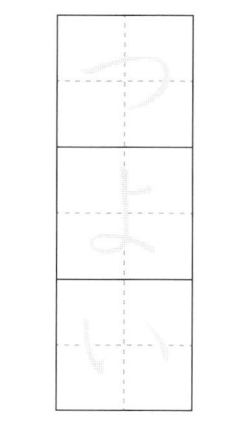

2 えを みて、□に うごきを あらわす ことばを かきましょう。（ひとつ 15てん）

①
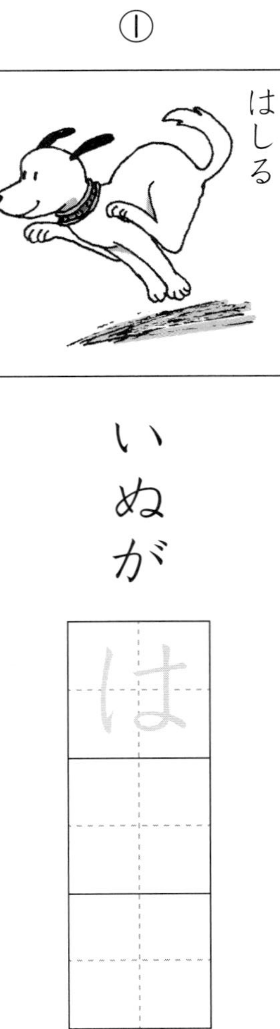

いぬが □□□。

②
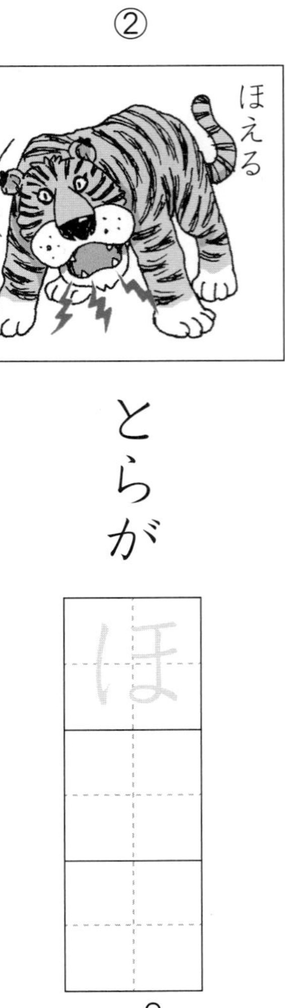

とらが □□□。

③
あるく

ねこが □□□。

④
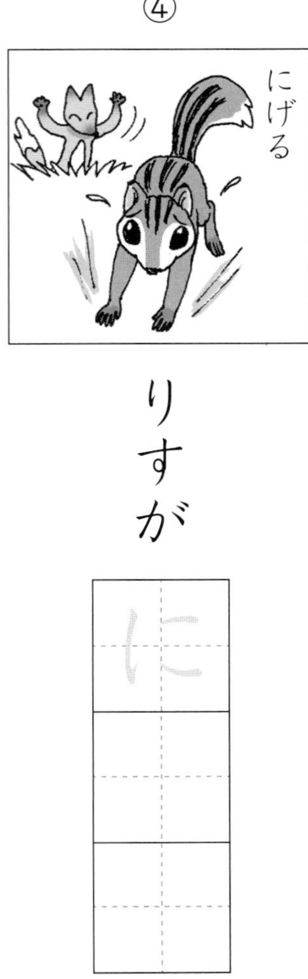

りすが □□□。

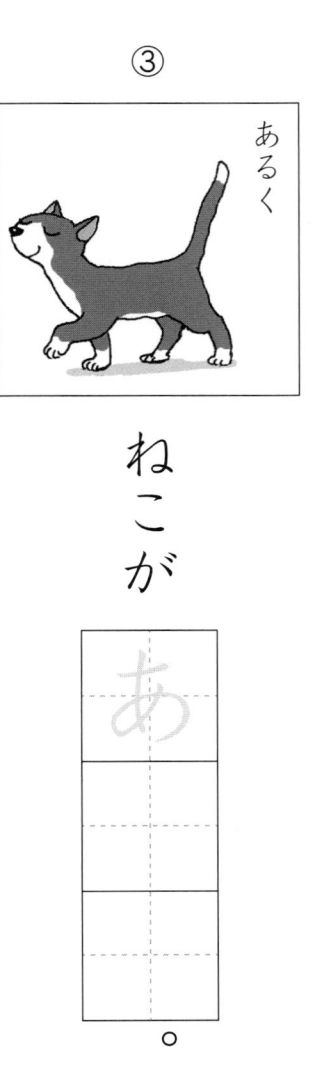

1は 「おおきい」「ちいさい」「つよい」「よわい」、2は 「はしる」「ほえる」「あるく」「にげる」を かこう。

38 ひらがなの ことばと ぶん⑤

がつ　にち　なまえ

はじめ　じ　ふん　おわり　じ　ふん　かかった じかん　ふん　とくてん　てん

1　えに　あうように、□に　ひらがなを　かきましょう。（ひとつ 10てん）

①

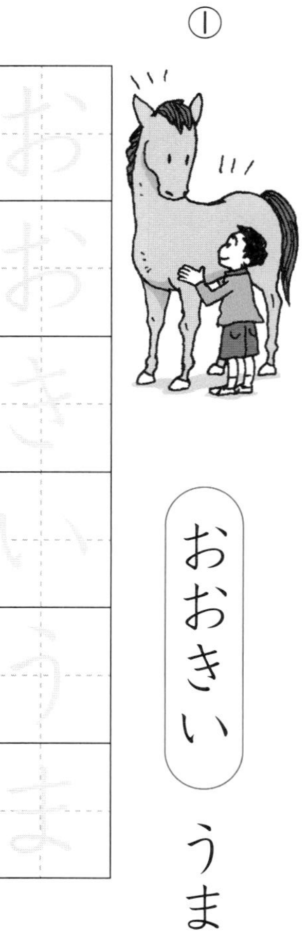

おおきい　うま

②

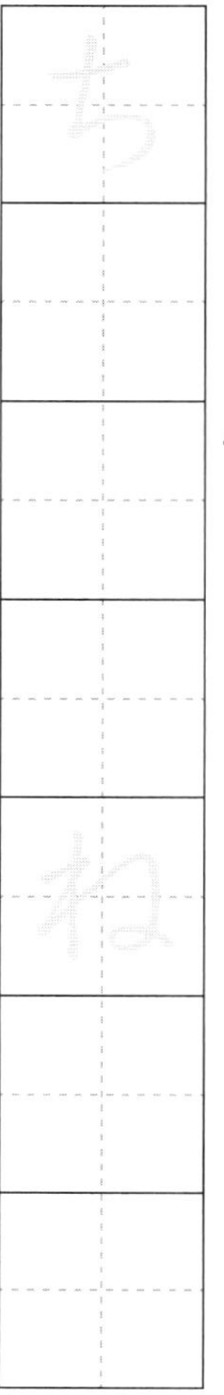

ちいさい　ねずみ

③

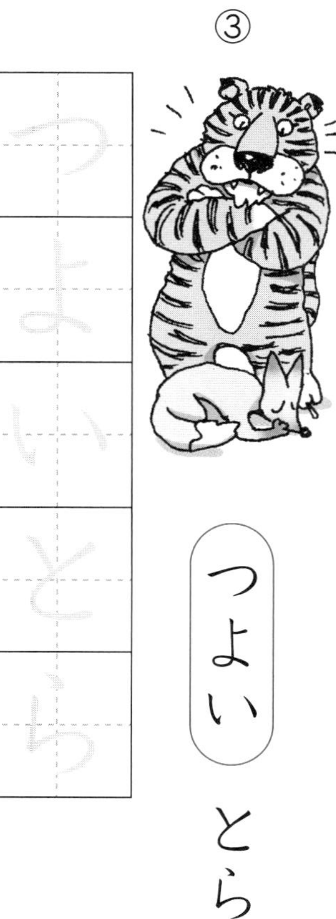

つよい　とら

④

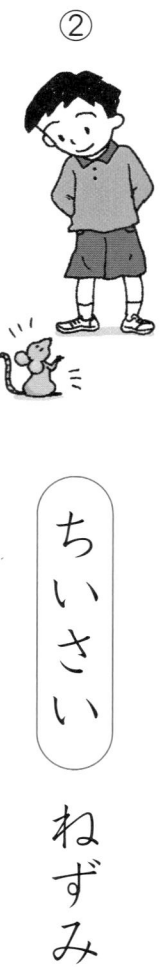

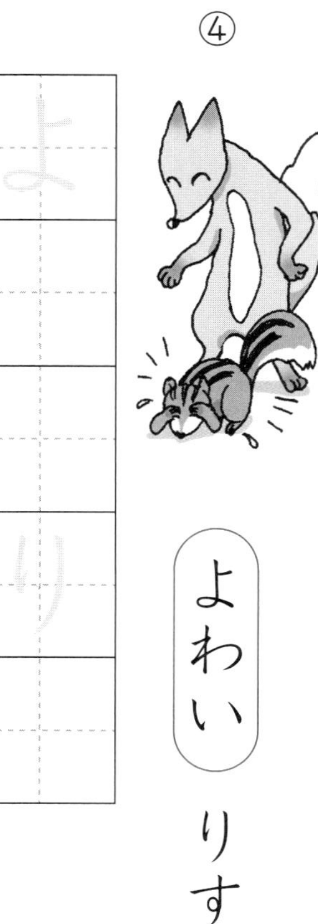

よわい　りす

2 えに　あうように、□に　ぶんを　かきましょう。（ひとつ　15てん）

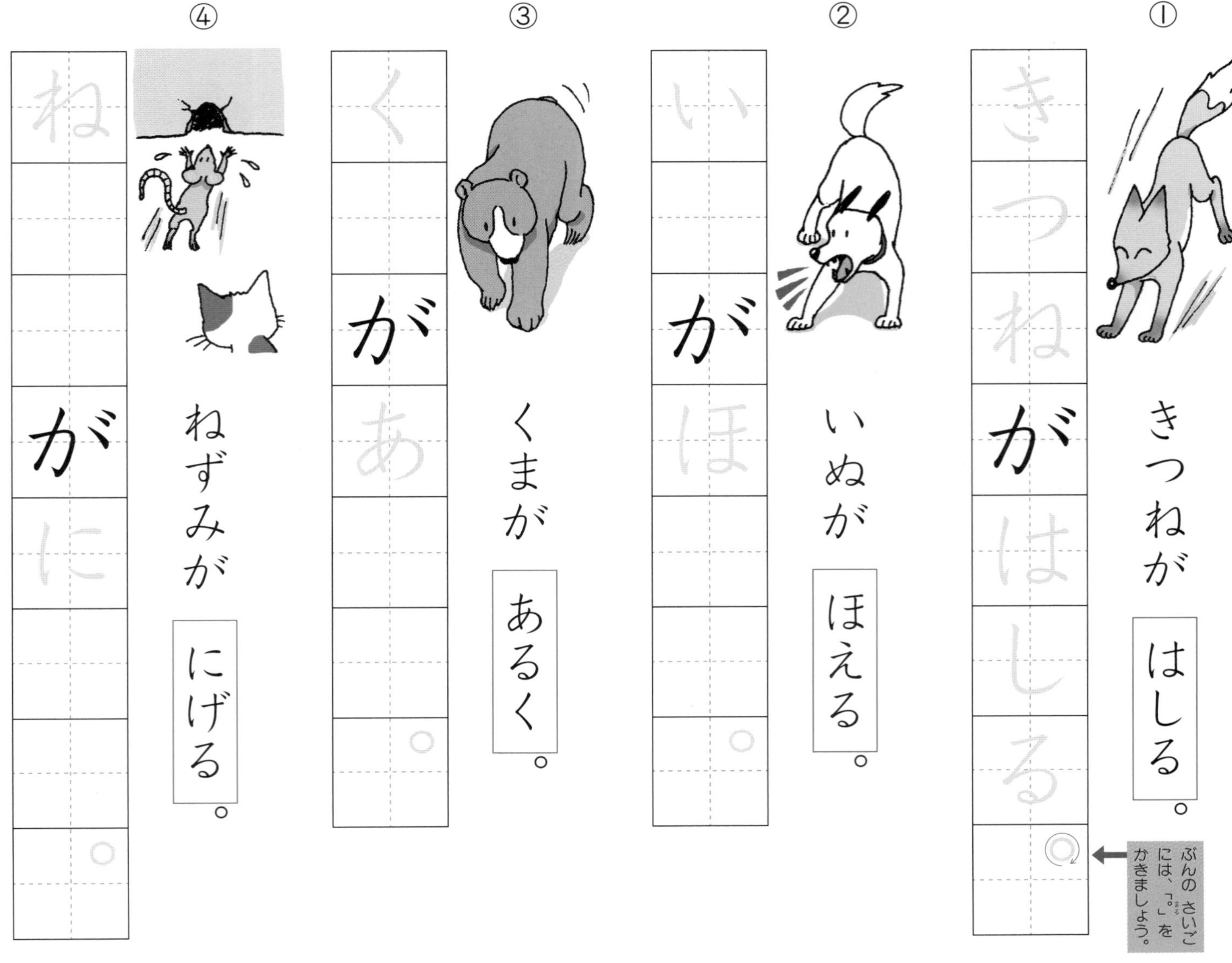

① きつねが　はしる。
きつねがはしる。
ぶんの　さいごには、「。」を　かきましょう。
② いぬが　ほえる。
いがほ。
③ くまが　あるく。
くがあ。
④ ねずみが　にげる。
ねがに。

1の◯の　ことばは「どんな」と　いう　ようすを、
2の□の　ことばは「どう　する」と　いう　うごきを　あらわして　いるよ。

39 ひらがなの ことばと ぶん⑥

がつ　にち　なまえ

はじめ　じ　ふん　おわり　じ　ふん　かかった じかん　ふん　とくてん　てん

1　つぎの　ぶんを、あとの □に　ただしく　かきましょう。（ひとつ 15てん）

① （おおきい）　うまが　[はしる]。

が

② （ちいさい）　りすが　[にげる]。

が

③ （つよい）　とらが　[ほえる]。

が

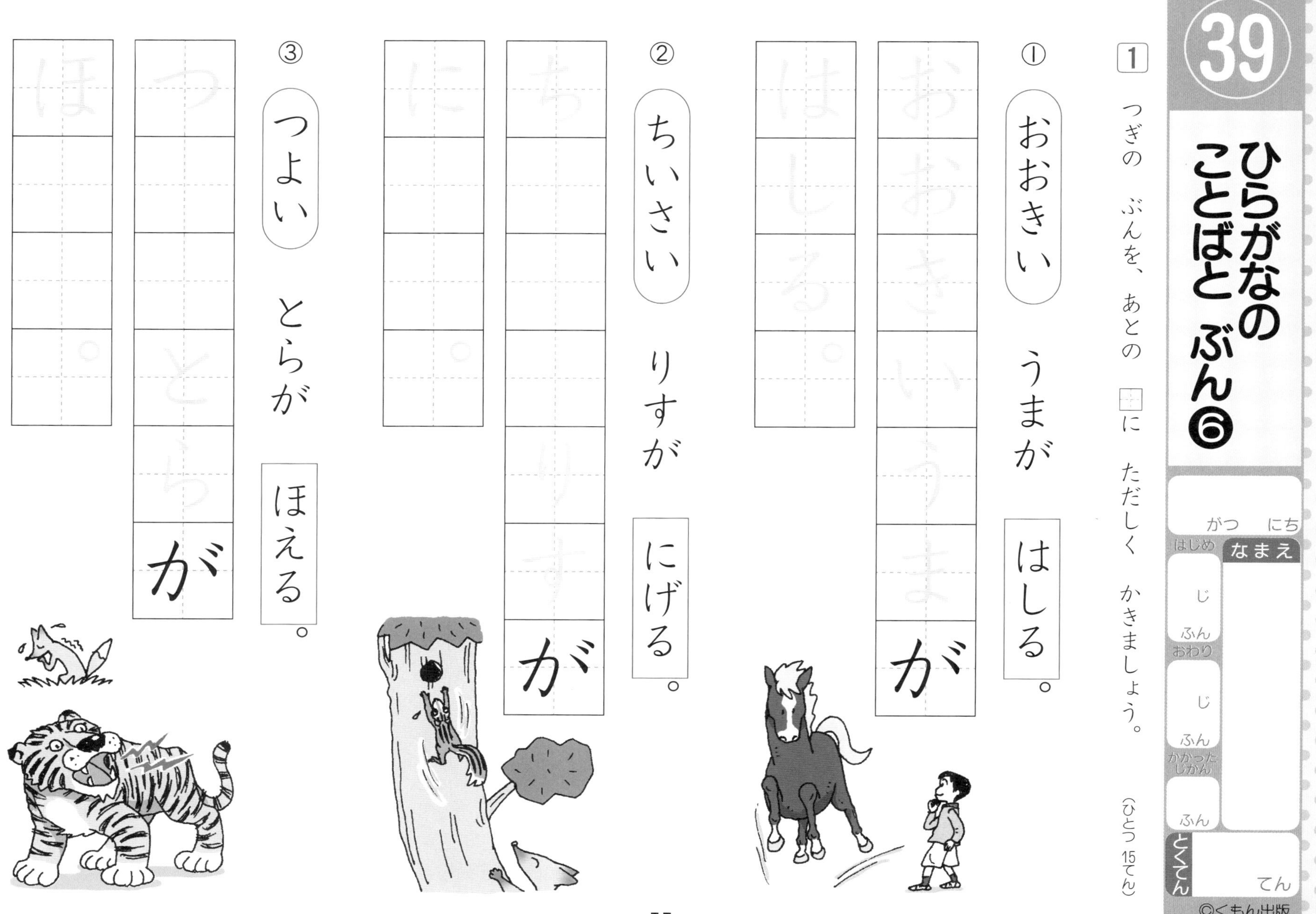

2 つぎの ぶんを、あとの □ に ただしく かきましょう。

（①は 15てん、②③は 20てん）

① （よわい） うさぎが ［にげる］。

が

② （おおきい） くまが ［あるく］。

が

③ （つよい） いぬが ［はしる］。

が

「どんな」「なにが」「どうする」の ぶんが かけたかな？
ほかの ことばでも つくって みよう。

こたえ

●なぞりがきや かきうつす ところの こたえは、はぶいて います。
●ひらがなの ことばを かく もんだいでは、ぜんぶ かけて せいかいと します。
●◇の もんだいは、てんすうには はいりません。

1・2 ひらがなを よもう❶・❷ ページ1〜4

1・2 いちじずつ はっきり よみましょう。

3 ひらがなを よもう❸ ページ5・6

1・2 いちじずつ はっきり よみましょう。

◇ ① ② ねこ ありㅤ③ ④ くま さる

4〜14 ひらがなの れんしゅう❶〜⓫ ページ7〜28

1〜8 ていねいに かきましょう。

15 ひらがなの れんしゅう⓬ ページ29・30

1・2 ていねいに かきましょう。

◇ ①いぬ ②さる

3・4 ていねいに かきましょう。

◇ ① ② ③ せみ たい わに

16 まちがえやすい ひらがな ページ31・32

1 ① きる (さる)　② くよ (くま)　③ (はと) ほと
④ (はち) はら　⑤ つろ (つる)　⑥ (おに) あに
⑦ いめ (いぬ)　⑧ (ねこ) わこ

2 ① よる くま　② はと ほし　③ かき さる
④ ふろ つる　⑤ かめ いぬ　⑥ ねこ わに

17・18 ひらがなの れんしゅう⓭・⓮ ページ33〜36

1〜4 ていねいに かきましょう。

19 ひらがなの れんしゅう⓯ ページ37・38

1〜4 ていねいに かきましょう。

◇

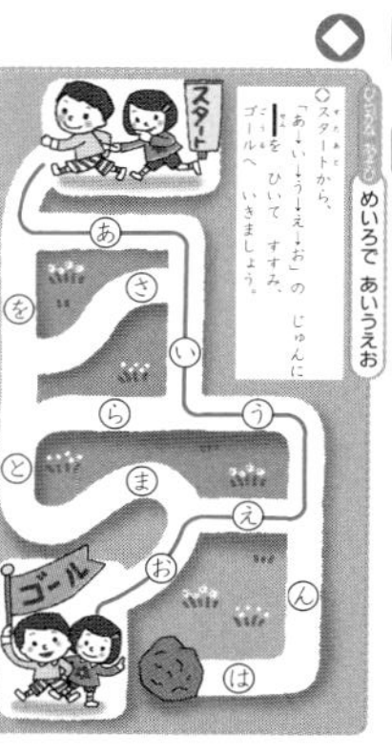

20・21 ひらがなの ひょう❶・❷ ページ39〜42

1・2 ていねいに かきましょう。
(21は、1〜3。)

22 かくにんドリル❶ ページ43・44

1 ①くつ ②ひも ③いす ④へそ
⑤ほん ⑥むね ⑦かさ ⑧こま
⑨きもの ⑩はさみ

2 ①しか ②さる ③とら ④くま
⑤ねこ ⑥いぬ ⑦りす ⑧わに
⑨ひよこ ⑩かえる

23 「゛(てんてん)」の つく ひらがな❶ ページ45・46

1〜4 ていねいに かきましょう。

5 ①かぎ ②ごま ③ながぐつ

24 「゛(てんてん)」の つく ひらがな❷ ページ47・48

1・2 ていねいに かきましょう。

3 ①ひざ ②にじ ③かぜ ④ぞう

4・5 ていねいに かきましょう。

6 ①だい ②まど ③でんわ

25 「゛(てんてん)」の つく ひらがな❸ ページ49・50

1・2 ていねいに かきましょう。

3 ①ばね ②びん ③ぶた ④かべ

4 ①(まど) ②(ごま) ③(にじ)
④(めがね) ⑤(くぎ) ⑥(はね)
⑦(うさぎ) ⑧(ぶた)

26 「。」の つく ひらがな　ページ51・52

1～4 ていねいに かきましょう。
5 ①らっぱ ②たんぽぽ

27 のばす おんの ひらがな　ページ53・54

1～3 ていねいに かきましょう。
4 ①ひこうき ②てつぼう

28 ちいさく かく ひらがな❶　ページ55・56

1～3 ていねいに かきましょう。
4 ①きゅうり ②きょうしつ ③きんぎょ

29 ちいさく かく ひらがな❷　ページ57・58

1・3 ていねいに かきましょう。
2 ①しゃしん ②あくしゅ ③じょうぎ
④じゃんけん
4 ①おもちゃ ②ちゅうしゃき
③ゆのみぢゃわん ④ほうちょう

30 ちいさく かく ひらがな❸　ページ59・60

1・3 ていねいに かきましょう。
2 ①こんにゃく ②ぎゅうにゅう
③ひゃくえん ④ひょうたん
4 ①さんびゃく ②びょういん
③ろっぴゃく

31 ちいさく かく ひらがな❹　ページ61・62

1・3・4 ていねいに かきましょう。
2 ①みょうじ ②きょうりゅう
③りょうり
5 ①きっぷ ②きって ③しっぽ ④がっき

32 かくにんドリル❷　ページ63・64

1 ①ひざ ②しっぽ ③びん ④でんわ
⑤まど ⑥がっき ⑦しゃしん
⑧ふうせん ⑨びょういん
2 ①ぞう ②きっぷ ③ぶた ④らっぱ
⑤たんぽぽ ⑥おばあさん
⑦ちゅうしゃき ⑧きょうりゅう

33 ことばを ひろげよう　ページ65・66

1 ①ひこうき ②きって ③てがみ
④みょうじ ⑤じょうぎ ⑥ぎゅうにゅう
⑦うんどうぐつ

2
①

か	も	め
え		だ
る		か

②

さ	く	ら
い		く
ふ		だ

③

き	の	こ
ょ		
う		
り		ゆ
ゅ		び
う	き	わ

34 ひらがなの ことばと ぶん❶　ページ67・68

1 ①おおきい ②ちいさい ③つよい ④よわい
2 ①はしる ②ほえる ③あるく ④にげる

35 ひらがなの ことばと ぶん❷　ページ69・70

1 ①おおきい ②ちいさい ③つよい ④よわい
2 ①おおきい ②ちいさい ③つよい ④よわい

36 ひらがなの ことばと ぶん❸　ページ71・72

1 ①はしる ②ほえる ③あるく ④にげる
2 ①はしる ②ほえる ③あるく ④にげる

37 ひらがなの ことばと ぶん❹　ページ73・74

1 ①おおきい ②ちいさい ③つよい ④よわい
2 ①はしる ②ほえる ③あるく ④にげる

38 ひらがなの ことばと ぶん❺　ページ75・76

1 ①おおきいうま ②ちいさいねずみ
③つよいとら ④よわいりす
2 ①きつねがはしる。 ②いぬがほえる。
③くまがあるく。 ④ねずみがにげる。

39 ひらがなの ことばと ぶん❻　ページ77・78

1 ①おおきいうまがはしる。
②ちいさいりすがにげる。
③つよいとらがほえる。
2 ①よわいうさぎがにげる。
②おおきいくまがあるく。
③つよいいぬがはしる。